Barbara Goerlich

111 Orte auf der Schwäbischen Alb, die man gesehen haben muss

emons:

Bibliografische Information der Deutschen Nationalbibliothek
Die Deutsche Nationalbibliothek verzeichnet diese Publikation
in der Deutschen Nationalbibliografie; detaillierte bibliografische
Daten sind im Internet über http://dnb.d-nb.de abrufbar.

© Emons Verlag GmbH
Alle Rechte vorbehalten
© der Fotografien: siehe Seite 238
Gestaltung: Eva Kraskes, nach einem Konzept
von Lübbeke | Naumann | Thoben
Kartografie: altancicek.design, www.altancicek.de
Kartenbasisinformationen aus Openstreetmap,
© OpenStreetMap-Mitwirkende, ODbL
Druck und Bindung: CPI – Clausen & Bosse, Leck
Printed in Germany 2019
Erstausgabe 2012
ISBN 978-3-7408-0880-8
Aktualisierte Neuauflage November 2019

Unser Newsletter informiert Sie
regelmäßig über Neues von emons:
Kostenlos bestellen unter
www.emons-verlag.de

Vorwort

Viel ist auf der Schwäbischen Alb in Gang gekommen, seit dieses Buch im Jahr 2012 erstmals erschienen ist. Die Alb ist »in«, zieht immer mehr Besucher in ihren Bann, und auch ihre Einwohner entdecken ihre Heimat immer wieder neu. Es erwartet sie Kurioses, Liebenswertes, Wissenswertes, Interessantes, Menschliches, Bekanntes und Unbekanntes. Bereit, entdeckt zu werden in »111 Orte auf der Schwäbischen Alb, die man gesehen haben muss«.

Wer weiß schon, warum auf der Alb Atomversuche in einem Bierkeller stattfanden und dass dort auch die bemannte Raumfahrt ihren Anfang nahm? Dass in der Nusplinger Kirche die Glocken nach einem Prinzip von Leonardo da Vinci im Kirchturm hängen? Oder wie in einer Kugelmühle Steine zu Murmeln gemahlen werden? Warum haben Uria-Rinder »lebenslänglich«, und weshalb kann man an der jungen Donau Dauerschaukeln? Es geht um Design und Mode aus Bodelshausen, Brüder mit einem Hang zu PS-starken Luxusautos, handgeschmiedete Damaszenermesser aus Hohenstein, und einen Mammutbaum, der einer Kirche auf die Mauer rückt. Wer auf der Alb das Bauhaus sucht, wird in Bad Urach fündig, und die leichtesten Brücken der Welt stehen in Albstadt.

Das Buch bietet 111 gute Gründe, sofort auf die Schwäbische Alb zu starten.

111 Orte

1 Das Schloss Fachsenfeld

Der schnelle Baron

Er war seiner Zeit voraus und vom Rausch der Geschwindigkeit infiziert. Reinhard von Koenig-Fachsenfeld machte als Rennfahrer in den 1920er Jahren Furore. Auf dem Motorrad und im Rennauto erzielte er Geschwindigkeitsrekorde. 1925 errang er einen entscheidenden Sieg auf der Solitude-Rennstrecke.

Nach seiner Rennkarriere tüftelte der Konstrukteur und Erfinder an der idealen Stromlinienform für Fahrzeuge. Eine strömungsgünstige Karosserie könne, davon war der Baron schon 1929 überzeugt, den Benzinverbrauch erheblich senken. Seine Patente trotzten jedem Gegenwind in der Automobilindustrie. Der von ihm optimierte Mercedes SSKL brach 1932 auf der AVUS in Berlin alle Rekorde.

In der »Garage des schnellen Barons« auf Schloss Fachsenfeld steht der Stromlinien-Rennwagen des technikversessenen Schlossherrn aus den 30er Jahren. Mit dem Baron starb 1992 der letzte Schlossherr im Alter von 93 Jahren. In seinen Wohnräumen scheint es, als wäre er nur kurz auf einen Spaziergang in den Schlossgarten gegangen. Oder aber in seine Garage, um an Karosserien zu tüfteln.

Hinter der klassizistischen Fassade birgt Fachsenfeld aber noch weitere Überraschungen. Architektur-Freaks werden sich an den erlesenen Interieurs erfreuen, die vier Generationen adeliger Freiherren hinterließen. Die Schlosseinrichtung ist vollständig erhalten, darunter eine umfangreiche Gemäldesammlung des schwäbischen Impressionismus mit Werken von Hermann Pleuer (1863–1911) und die sehenswerte Jugendstil-Bibliothek. Der acht Hektar große Park im englischen Stil belegt die Naturverbundenheit der Familie. Da Reinhard von Koenig-Fachsenfeld keine Erben hatte, stellte er mit einer Stiftung sicher, dass Schloss und Park erhalten bleiben und der Öffentlichkeit zugänglich sind, allerdings nur im Rahmen von Führungen (s. Öffnungszeiten). Man kann dort heiraten, feiern, im Sommer-Café unter alten Linden sitzen, Ausstellungen, Konzerte, Lesungen und den Schlossadvent besuchen.

Adresse Am Schloß 1, 73434 Aalen-Fachsenfeld, Tel. 07366 / 923030, www.schloss-fachsenfeld.de | **Anfahrt** B 19 (Hüttlinger Straße), zwischen Hüttlingen und Abtsgmünd abbiegen auf die K 3325 Waiblinger Straße bis zum Schloss | **ÖPNV** von Aalen Bus OVA 14 / 15 / 28 bis Fachsenfeld-Schloss | **Öffnungszeiten** Café: So 12.30 – 18 Uhr (April – Okt.), Schloss: Sa 13 – 17 Uhr, So 11 – 17 Uhr, Schloss- und Parkführungen während der Öffnungszeiten, www.schloss-fachsenfeld.de | **Tipp** Abschalten und entspannen kann man im römisch-antiken Ambiente der Limes-Thermen Aalen in vier Innenbecken und einem Außenbecken, www.limes-thermen.de.

2 Das Besucherbergwerk Tiefer Stollen

Glück auf!

Das Besucherbergwerk Tiefer Stollen erinnert an eine Zeit, als in Wasseralfingen Eisenerz im großen Stil abgebaut und verhüttet wurde. Damals war die Region eine Art Ruhrgebiet der Ostalb. Bereits in der Antike wurde zwischen Ulm, Geislingen und Aalen Eisenerz gefunden und genutzt.

Im Mittelalter kam das Ganze in Fahrt, als Kaiser Karl IV. der Region 1365 das »Bergbauregal« verlieh, die königliche Erlaubnis, Bergbau zu betreiben. Erzgruben und Eisenhütten wurden für die Bevölkerung ein wichtiger Erwerbszweig. Aus den Wäldern der Umgebung lieferten Köhler die Holzkohle für die Verarbeitung in den Schwäbischen Hüttenwerken Wasseralfingen (SHW). Dabei wurde das Erz geschmolzen und in der angegliederten Gießerei und Maschinenfabrik weiterverarbeitet.

1860 hatte der Wasseralfinger Bergbau seinen Höhepunkt erreicht; danach ging's abwärts. Mit dem Aufkommen von Eisenbahn und Dampfschifffahrt kamen gehaltvollere Erze ins Land. Die Eisenproduktion auf der Ostalb wurde unrentabel. 1925 erlosch der letzte Wasseralfinger Hochofen, 1948 schloss die letzte Grube.

Geblieben ist die Faszination des Bergbaus, wenn es mit dem gelben Grubenbähnle durchs Mundloch (Grubeneinfahrt) 400 Meter tief in den Berg hineingeht. Unter kompetenter Führung wird das verzweigte Wegenetz aus Stollen, Schächten und Gängen von mehreren Kilometern Länge erkundet. In diesem unterirdischen Labyrinth bekommt man einen Eindruck davon, unter welch harten Bedingungen die Bergleute bis zur Mitte des 20. Jahrhunderts ihre schwere Arbeit verrichten mussten.

Zu weiteren Erinnerungsstationen der Bergbaugeschichte des Braunenbergs, in dem der Tiefe Stollen liegt, führt ein Bergbaupfad. Er beginnt am Stolleneingang.

Adresse Erzhäusle 1, 73433 Aalen-Wasseralfingen, Tel. 07361/970249,
www.bergwerk-aalen.de | **Anfahrt** B 29, Abfahrt Aalen Nord, dann B 19 Richtung
Wasseralfingen und der Beschilderung folgen | **ÖPNV** von Aalen mit Bus 8283
bis Wasseralfingen, Haltestelle Tiefer Stollen | **Öffnungszeiten** Di–So 9–16 Uhr |
Tipp Dem Besucherbergwerk angeschlossen ist ein Heilstollen. Seine extrem trockene und
fast staubfreie Luft hat sich als heilsam für verschiedene Atemwegserkrankungen erwiesen
und wird für Kuranwendungen genutzt.

3_ Die Städtische Galerie

Dix für alle

Das Engagement privater Sammler und Stifter hat die 1975 gegründete Galerie Albstadt zu einer der bedeutendsten kommunalen Sammlungen in Baden-Württemberg gemacht. Einige der lokalen Textilfabrikanten waren engagierte Sammler, wie Walther Groz (1903 – 2000), der als Unternehmer und Oberbürgermeister von Ebingen Arbeitsplätze und neuen Wohnraum in Albstadt schuf. 1976 stiftete er seine Sammlung mit über 5.000 Zeichnungen und Druckgrafiken verschiedener Stilrichtungen der Galerie Albstadt. Ein besonderer Stellenwert kommt dabei den rund 450 Werken von Otto Dix (1891 – 1969) mit zahlreichen frühen Zeichnungen zu. Es ist einer der weltweit größten Bestände mit Arbeiten auf Papier von Dix, die in unterschiedlichen Themenstellungen gezeigt werden. Bis Ende 2013 waren 65 Werke des 1969 in Singen verstorbenen Künstlers im Mittelpunkt der Ausstellung »Dirnen, Weiber und Madonnen« zu sehen, mit einem repräsentativen Querschnitt durch eines der Kernthemen des Künstlers: die Frau oder das »Weib«, wie Dix seine frühen Werke oft selbst betitelte.

Seit Sommer 2014 geht es ums Thema Krieg mit Werken, die um Kampf, Krieg, Passion und Tod kreisen. Schützengraben-Zeichnungen aus dem Ersten Weltkrieg, mehrere Gouachen und Dix' berühmtes Kriegstagebuch zählen zum Kernbestand der Albstadter Sammlung, ebenso 60 Aquatinta-Radierungen, die zum Anti-Kriegs-Jahr 1924 entstanden.

Daneben gehören auch Blätter expressionistischer Künstler wie Ernst Ludwig Kirchner, Wilhelm Laage, Erich Heckel und Max Beckmann sowie ein hoher Anteil Dresdner Kunst vom ausgehenden 19. Jahrhundert bis heute zur Sammlung, dazu als weiterer Schwerpunkt rund 800 Werke zum Thema Landschaftsbild der Schwäbischen Alb vom 17. Jahrhundert bis zur Gegenwart. Hier dominiert das Werk Christian Landenbergers (1862 – 1927). Über aktuelle Sonderausstellungen informiert die Webseite der Galerie.

Adresse Kirchengraben 11, 72458 Albstadt-Ebingen, Tel. 07431 / 1601491, www.galerie-albstadt.de | **Anfahrt** B 463, Abfahrt Albstadt-Ebingen, dann der Beschilderung folgen | **Öffnungszeiten** Di – Sa 14 – 17 Uhr, So und Feiertage 11 – 17 Uhr | **Tipp** In der romanischen Johanneskirche an der Albert-Sauter-Straße 15 wird der von 1764 bis 1770 in Onstmettingen tätigen Pfarrer Philipp-Matthäus Hahn gewürdigt. Er war Astronom, Ingenieur und Unternehmer, »erfand« den Sekundenzeiger an Uhren und legte den Grundstein für einen wichtigen Industriezweig der Region.

4 Die Textilbetonbrücken

In der Heimat der leichten Brücken

Venedig hat mehr Brücken als Albstadt. Punkt. Doch Brücken wie in Albstadt gibt es trotzdem an keinem anderen Ort weltweit. Schon gar nicht so viele. Denn wenn es um elegante, leichte Textilbetonbrücken geht, nimmt Albstadt eine Vorreiterrolle ein.

In Lautlingen steht die mit 100 Metern längste ihrer Art, in Ebingen die erste rein carbonbewehrte, im Stadtteil Margrethausen führt eine solche Brücke zum Friedhof, und 2017 hat auch Pfeffingen eine bekommen. Jede Brücke ein Unikat, entstanden mit Albstädter Know-how. Hauptakteur ist die Firma »Solidian«, eine Tochter von Groz-Beckert aus Albstadt, dem Weltmarktführer bei der Herstellung von Industriemaschinennadeln und Systemteilen für das Stricken und Wirken, Weben, Filzen, Tuften, Kardieren und Nähen. Dort werden auch Textilien der etwas anderen Art entwickelt. Sie »erleichtern« das Bauen mit Beton im Wortsinn.

Textilbewehrter Beton ermöglicht eine korrosionsfreie, leichte und dauerhafte Bauweise und neuartige Konstruktionsformen. Die Ära »textiler Brücken« begann 2010 mit der Textilbetonbrücke über die Bundesstraße 463 in Lautlingen. In ihren sechs Brückenteilen wurden 3.800 Quadratmeter textiles Gelege aus parallel verlaufenden Fäden verbaut, das Ergebnis ist eine der schlanksten und leichtgewichtigsten Betonbrückenkonstruktionen überhaupt. Durch längere Nutzungsdauer und reduzierten Materialeinsatz hat sie zudem eine deutlich bessere Ökobilanz.

2015 folgte die weltweit erste rein mit Carbon bewehrte Betonbrücke in Ebingen. Carbonbewehrungen korrodieren nicht, daher müssen Betondeckungen nur 15 Millimeter stark sein. Die extrem schlanken Bauteile haben mit 14 Tonnen weniger als halb so viel Gewicht. Als Rad- und Fußgängerbrücke ausgelegt, hält sie auch ein fünf Tonnen schweres Schneeräumfahrzeug aus.

Architekten, Ingenieure und Stadtplaner aus aller Welt inspirieren die neuartigen Brücken.

Adresse Die längste Textilbetonbrücke der Welt überspannt die B 462 in Höhe Ebingertalstraße 10 in 72459 Albstadt-Lautlingen, zwischen Schloss und Ignaz-Demeter-Schule. Die Carbonbrücke führt in Ebingen über die Schmiecha (Schmiechastraße/Grüngrabenstraße, zwischen Hallenbad und C&A), 72458 Albstadt-Ebingen. Infos: Groz-Beckert KG, Parkweg 2, 72458 Albstadt, Tel. 07431/100, www.groz-beckert.com | **Tipp** Im Herzen von Albstadt-Ebingen steht der Gasthof Linde für gemütliches Ambiente, leidenschaftliche schwäbische Küche und herzlichen Service; 43 komfortable Hotelzimmer beweisen Liebe zum Detail. Gasthof Linde, Untere Vorstadt 1, 72458 Albstadt, Tel. 07431/134140, www.gasthof-linde.com

5__ Der Raichberg
Wandern mit Aussicht

Der Raichberg (956 Meter) hat alles, was man von einem Berg der Schwäbischen Alb erwarten kann/darf: Vom 22 Meter hohen Turm des Schwäbischen Albvereins aus eröffnet sich ein Panorama, das von der Zugspitze über den Säntis bis zu Eiger, Mönch und Jungfrau reicht. Im Nahbereich geht der Rundblick zum Schwarzwald, vom Feldberg bis zur Hornisgrinde, und, fast zum Greifen nah, zur Burg Hohenzollern. Allein der 137 Meter hohe rot-weiße Sendemast des Südwestrundfunks stört das Idyll ein wenig.

Seit 1928 schon hält der Beton den Raichbergturm zusammen. Er entstand zeitgleich mit dem Wandererheim Nägele-Haus, das ein bisschen an eine Almhütte erinnert. Es ist beliebte Einkehrstation für Ausflügler und Wanderer, die den Alb-Nordrandweg (HW1) begehen. Im Nägele-Haus holt man auch den Schlüssel, sollte der Raichbergturm denn doch mal abgeschlossen sein.

Noch mehr und näher kommt man dem Hohenzollern auf seinem Bergkegel am Backofenfelsen (890 Meter). Von den Parkplätzen beim Raichberg führt ein beliebter Spazierweg −15 Minuten − über Wacholderheide zum Backofenfelsen. Der Ausblick vom Albtrauf hinunter nach Boll, Stetten und Hechingen ist grandios. Bei guter Fernsicht kann man sogar den Fernsehturm von Stuttgart ausmachen. Hier führt auch der Wanderweg von Hechingen über den Hohenzollern und das Zeller Horn vorbei.

Mit dem Hangenden Stein hat der Raichberg zudem einen Bergrutsch auf Abruf zu bieten. Die Felswand bildet − noch − die Ostkante des Raichberg-Plateaus. Ein zwei Meter breiter und 200 Meter langer Spalt hat den Felsen bereits vom Raichbergmassiv abgetrennt. Grund ist die Lage an der Nordost-Randstörung (Raichbergstörung) des Hohenzollerngrabens. Der Hangende Stein wird im Verlauf der weiteren Erosion eines Tages abbrechen und ins Tal stürzen. Vom letzten Bergrutsch des Jahres 1879 künden mächtige Felsblöcke auf dem vorgelagerten Hang.

Adresse Raichberg, 72461 Albstadt-Onstmettingen | **Anfahrt** B 27 von Tübingen über Hechingen, dann B 32 nach Albstadt-Onstmettingen und zum Raichberg | **Tipp** Im Nägelehaus gibt es ein Testcenter des Schuherstellers Lowa, wo man Wanderschuhe aller Art ausleihen und Probe tragen kann, geöffnet Mi–So 10.30–20.30 Uhr. Höhengasthof Wanderheim Nägelehaus, Raichberg 1, 72461 Albstadt-Onstmettingen, Tel. 07432/21715, www.naegelehaus.de

6_Merz b. Schwanen / Gota-Wäsche von Loder

Hippe Hemden aus der »Trikotstadt«

Der Designer Peter Plotnicki und der Textilproduzent Rudolf Loder wären einander wohl nie begegnet, hätte nicht ein altes Hemd die beiden zusammengebracht. Auf einem Berliner Flohmarkt entdeckte Plotnicki ein originales Arbeiterhemd von 1911: leicht verwaschen, naturfarbenes Baumwollgewebe, stoffüberzogene Wäscheknöpfe. Das Langarm-Unterhemd im Henley-Stil faszinierte ihn, er begann zu recherchieren, stieß auf 150 Jahre Textil-Historie – und die Schwäbische Alb. Hersteller war die Trikotagenfirma »Merz b. Schwanen«, einst einer der wichtigsten Textilproduzenten. Doch die Firma musste 2008 kapitulieren; im Ausland lässt sich billiger produzieren als auf der Alb.

Designer und Textilunternehmer kamen zusammen, denn Loder hatte die Original-Rundwirkmaschinen von 1926 bis 1960, verstaubt, aber unversehrt, auf denen sich das Arbeiterunterhemd traditionell herstellen lässt. Alles original Schwäbische Alb: Loders Firma Gota strickt; gefertigt und genäht werden die heimischen Stoffe in Kleinbetrieben auf der Alb. Der Markenname »Merz beim Schwanen« flog den beiden als Geschenk der Nachfahren der Albstädter Familie Merz zu.

Obwohl Loder seine Rundwirkstühle fleißig rotieren lässt, ist die Produktionskapazität begrenzt, daher können Merz-Hemden niemals ein Massenprodukt werden. »Konkurrenz hemm mer net viel …«, sagt Loder, der nur im fernen Japan einen Hersteller mit ähnlichen Maschinen ausfindig gemacht hat.

Die coolen Retro-Knopfleistenhemden von der Alb sind in und seit ihrer Premiere 2011 auf eine komplette Kollektion angewachsen. Sie werden in Modehäusern weltweit und übers Internet verkauft – sowie in Loders Tailfinger Fabrikverkauf (als B-Ware). Neben seiner Eigenmarke Gota ist im Outlet auch Yoga-Fashion vom Alb-Label Traufgold und von Einstein-Grenzgang erhältlich.

Adresse Gota-Fabrikverkauf, Wahlentalstraße 39, 72461 Albstadt-Tailfingen, Tel. 07432/9843668, www.gota-waesche.de, Besichtigung des Stricksaals mit den »antiken« Rundwirkstühlen in der Pfeffinger Straße 49 nach Voranmeldung | **Anfahrt** B 462 Abfahrt Albstadt-Ebingen Richtung Tailfingen L 360, in der Ortsmitte von Goethe-straße links auf Langestraße abbiegen, dann weiter bis Wahlentalstraße | **ÖPNV** Bus-linie 44/305 Ebingen-Bisingen bis Tailfingen-Mitte, dann circa 10 Minuten Fußweg | **Öffnungszeiten** Mo – Fr 10 – 16.30 Uhr, jeden 2. Sa 10 – 14 Uhr | **Tipp** In Burgfelden, dem kleinsten Teilort Albstadts, liegt nah am Ortskern der »Böllat« (912 Meter), ein nach drei Seiten hin abfallender Felsvorsprung mit einzigartiger Aussicht über den Schwarzwald bis zu den Vogesen (Anfahrt über Pfeffinger Straße).

7_Die Kuranlagen

Verträumtes Badeziel mit Tempele und Wunderheiler

Wer sich für die Geschichte unserer Erde interessiert, dem ist sicher schon einmal der Ausdruck »bollensis« untergekommen: Fossilien, die in Bad Boll gefunden wurden, erhalten oft diesen Namenszusatz. In dem fossilienreichen Gebiet wurde schon 1749 der erste Fischsaurier entdeckt. Doch das verträumte Bad Boll mit seinen Kuranlagen ist ebenso für Architektur- und spirituell Interessierte ein kleines Highlight. Zur weltbekannten Evangelischen Akademie Bad Boll, deren Veranstaltungen jedes Jahr annähernd 15.000 Besucher in die Stadt führen, gehört die prächtige Gründerzeitvilla Vopelius (siehe Bild). Dort erinnert »Blumhardts Literatursalon« an Pfarrer Johann Christoph Blumhardt. Er übernahm 1852 das Bad, errichtete ein religiöses Zentrum und wurde als Wunderheiler bekannt. In seinem Salon saßen Eduard Mörike, Hermann Hesse, Gottfried Benn und viele mehr. Auch die Bauherrin der schmucken Villa, Eleonore Vopelius, suchte in Blumhardts Zentrum für Leib- und Seelsorge Heilung. 1920 ging das Bad an die Herrnhuter Brüdergemeinde, die es bis heute führt.

Begonnen hat die Karriere des Kurbads am Albtrauf mit Herzog Friedrich I. von Württemberg. In seinem Auftrag wurde 1595 nach der Schwefelquelle gegraben, durch die Boll schließlich als »Württembergisches Wunderbad« bekannt wurde. Der Stuttgarter Hofarchitekt Heinrich Schickhardt bekam den Auftrag, ein »stattliches Bad mit Lustgarten« zu errichten. Für den Schwefelbrunnen konstruierte der »schwäbische Leonardo da Vinci« ein Paternoster-Schöpfwerk, eine Anlage zum Erhitzen des Wassers und einen Park im Stil der Renaissance.

200 Jahre später ließ König Wilhelm I. von Württemberg das Bad um eine klassizistische Anlage erweitern, die noch heute erhalten ist: eine Wandelhalle im Biedermeierstil und ein Belvedere, genannt »Tempele«, mit herrlichem Blick übers Filstal und zu den drei Kaiserbergen.

Adresse Bad Boll Info, Hauptstraße 94, 73087 Bad Boll, Tel. 07164/80828, www.bad-boll.de | **Anfahrt** A 8 Stuttgart–Ulm, Abfahrt Aichelberg auf die L 1214 nach Bad Boll | **ÖPNV** mit der Bahn bis Bahnhof Göppingen, ab Omnibusbahnhof (circa 100 Meter links über die Straße) Buslinie 20 nach Bad Boll Kurgebiet | **Tipp** Der Ortsteil Eckwälden ist Sitz des Kosmetik- und Arzneimittelherstellers Wala Heilmittel und anderer anthroposophischer Einrichtungen. Der 4,1 Hektar große Wala-Heilpflanzengarten mit rund 150 Heilpflanzenarten wird nach Demeter-Richtlinien bearbeitet, Führungen unter Tel. 07164/930250.

8__Altstadt und Marktplatz
Schwäbisch-Hollywood und Brezel-Stadt

Bad Urach ist eine Perle der Schwäbischen Alb und kann mit unzähligen Pfunden wuchern. Eines davon ist die historische Altstadt mit dem spätmittelalterlichen Marktplatz, die es zur beliebten Filmkulisse gebracht hat.

Uracher kennen die Bitte um Ruhe, wenn mal wieder irgendein Teil der Stadt für Dreharbeiten abgesperrt ist. Sie haben sich daran gewöhnt, dass auf ihrem Marktplatz häufig Scheinwerfer aufgebaut sind. Dann klettern sie halt über dicke Kabel und arrangieren sich. Da kann es sogar passieren, dass die Rathausuhr für die Dauer der Dreharbeiten tagelang auf fünf vor zwölf steht.

Den Durchbruch im Filmbusiness schaffte die Stadt mit der TV-Mundartserie »Laible und Frisch«: Wenn sich der Traditions-Bäckermeister Laible und Großbäcker Frisch im fiktiven Schafferdingen streiten, tun sie dies eigentlich in Bad Urach. Viele Szenen wurden in der Kurstadt gedreht, aber auch in Münsingen, Hohenstein, Dettingen, Reutlingen und Pfullingen.

Das Thema Bäcker knüpft stimmig an die weitverbreitete Legende an, nach der in Urach die Laugenbrezel erfunden worden sei. Brezeln gehören zu den schwäbischen Grundnahrungsmitteln wie Spätzle, Linsen und Maultaschen. Sie sind geradezu allgegenwärtig, als Pausenbrot auf dem Schulhof ebenso wie bei Trauerfeiern: Eine Brezel geht – und schmeckt – immer.

Die Uracher Brezelsaga ist schnell erzählt: »Frieder, der Uracher Bäcker und Hofbäcker von Graf Eberhard im Barte, hatte die Freundschaft und das Wohlwollen des Grafen durch üble Nachreden verloren und war in Ungnade gefallen. Da der Graf aber ein wohlwollender Herrscher war und die Künste seines Bäckers schätzte, sollte dieser begnadigt werden, falls er ein Gebäck erschaffen könne, durch das dreimal die Sonne scheint.« Derart gefordert, erfand der pfiffige Frieder die typische geschlungene Form der Brezel – und rettete sich. In der Uracher Altstadt erinnert eine Gedenktafel an ihn.

Adresse Marktplatz, 72574 Bad Urach, www.badurach.de | **Anfahrt** B 28 Tübingen – Ulm, Abfahrt Bad Urach, dann Richtung Ortsmitte | **ÖPNV** per Bahn bis Metzingen, dort umsteigen in den Regionalzug nach Bad Urach | **Tipp** Auch das nahe gelegene Örtchen Altenriet reklamiert das Recht an der Erfindung der Brezel und feiert seit über 160 Jahren alljährlich eine Woche vor Ostern den Brezelmarkt.

9 Das Haus auf der Alb

Ort der Begegnung: Bauhaus und Demokratie

Bauhaus auf der Alb? Das ist selten. Doch es finden sich Spuren dieser Zeit und ihrer Protagonisten auch auf der Alb. Über Bad Urach gibt es ein Gebäude, das so heißt, wie es gelegen ist. Das Haus auf der Alb erfährt als besterhaltenes Bauhaus-Gebäude Süd-Württembergs viel Beachtung. In der schlichten und funktionalen Bauhaus-Architektur wurde es als Ferienheim für Kaufleute 1930 erbaut.

Das vom Stuttgarter Architekten Adolf G. Schneck realisierte Gebäude ist ein seltenes Beispiel der transparenten »Architektur der Moderne«. Trotz Modernisierung und Umbau zum Tagungszentrum blieb vieles in seiner ursprünglichen Form erhalten, auch ein großer Teil des Mobiliars. Was Schneck damals geplant hat, erfüllt noch heute seine Funktion. Betten und Nachttischkästchen aus Buchenholz in den Gästezimmern, von ihm entworfen, sind noch immer im Einsatz. Ebenso der Konzertflügel, die Wendeltreppe in den klassischen Bauhausfarben Gelb, Rot, Blau und viele andere Stücke, auf die man im Haus immer wieder trifft. Wichtig war Schneck die Gleichwertigkeit der Zimmer: »Alle nach der besten Richtung und Lage der Sonne und dem weiten Tale zu. Die Männer und Frauen der Arbeit sollen sich hier einmal wohlfühlen und die sozialen Unterschiede vergessen können.«

Nachdem Denkmalschützer 1983 den Abriss des verwahrlosten Gebäudes verhinderten, erwarb das Land Baden-Württemberg das Anwesen, in dem nach umfangreicher Renovierung seit 1992 die politische Bildung ein neues Zuhause hat. Jährlich finden rund 200 Veranstaltungen statt, zu denen meist die Landeszentrale einlädt. Auch Dritte können das modern ausgestattete, gleichwohl denkmalgeschützte Tagungshaus mieten.

Führungen zu »Architektur und Geschichte« lassen sich unter der Woche auch für Einzelpersonen nach Absprache arrangieren. Wer während der Öffnungszeiten des Empfangs kommt, darf auch »allein« durchs Haus streifen.

Adresse Hanner Steige 1, 72574 Bad Urach, Tel. 07125/1520, www.hausaufderalb.de |
Anfahrt aus Richtung Reutlingen/Stuttgart B 28/B 465 und ab Sirchinger Straße den
Schildern folgen | **ÖPNV** Bad Urach (Bus-)Bahnhof, auf ausgeschilderten Waldwegen
hinauf zur Tagungsstätte (circa 10–20 Minuten) | **Öffnungszeiten** Empfang: Mo–Do
8–16.30 Uhr, Fr 8–19.30 Uhr, Sa, So 8–13 Uhr | **Tipp** In Mössingen steht mit der Pausa-
Tonnenhalle – heute Stadtbücherei – ein weiteres Relikt der Bauhaus-Ära, erbaut 1950/51
von Manfred Lehmbruck in der Tradition von Werkbund und Bauhaus für die einst welt-
bekannte Textildruckfirma Pausa. Stadtbücherei im Pausa-Quartier (1. Obergeschoss),
Löwensteinplatz 1 (Zufahrt über Richard-Burkhardt-Straße), 72116 Mössingen,
Tel. 07473/2710414

10 Der Rulamanweg

500 Schritte bis zur Steinzeit

Früher gehörten drei Bücher in jeden Haushalt auf der Alb: die Bibel, das Sparbuch – und der »Rulaman«. Held des Buches ist ein Häuptlingssohn aus der Steinzeit, den sich der Zoologe David Friedrich Weinland (1829–1915) ausgedacht hat. Ursprünglich als Lektüre für seine vier Söhne gedacht, wurde daraus gleich nach Erscheinen 1875 ein Bestseller.

Die Handlung spielt zur Stein- und beginnenden Bronzezeit rund um den Hohenwittlingen. Rulaman gehört dem Steinzeit-Volk der »Aimats« an, das in der Schillerhöhle (Tulkahöhle im Buch) lebt und in Konflikt mit den »Kalats« gerät, gemeint sind die Kelten. Diese verstanden sich bereits auf die Metallverarbeitung, waren den Aimats überlegen und verdrängten sie.

In Fachkreisen war Weinland als universal gebildeter Wissenschaftler bekannt. Die weltweite Anerkennung brachte ihm indes der Steinzeitroman. Übersetzt in unzählige Sprachen, erreicht der Rulaman eine deutschsprachige Auflage von über einer halben Million. Kaum zu glauben: Das Buch wird nach wie vor verlegt.

Um das Interesse wachzuhalten, haben sich die Tourismusexperten von Bad Urach den »Weg zum Buch« einfallen lassen. Auf dem Rulamanweg wollen sie Jung und Alt zum Nachdenken über Geschichte und Zukunft der Menschheit anregen. Auf 500 Metern Länge führt jeder Meter um tausend Jahre von der Gegenwart zurück. Im Zeitraffer durchlebt man die Sesshaftwerdung, die Altsteinzeit mit den ältesten Kunstwerken der Menschheit, die Ära der Neandertaler bis zu den Urmenschen um Rulaman und seiner Sippe vor 500.000 Jahren. Tafeln am Wegesrand erläutern die einzelnen Etappen.

Anschließend sollte man weitergehen zur Wolfsschlucht, vorbei am märchenhaft schönen Wasserfall und über den nahezu hochalpinen Weg zum Hohenwittlingen, um festzustellen: Die Alb kann es locker mit Kanada und Norwegen aufnehmen – und das keineswegs nur an dieser Stelle.

Adresse 72574 Bad Urach, Ortsteil Seeburg | **Anfahrt** von Bad Urach kommend auf dem Wanderparkplatz Seeburger Tal / Rulaman am Abzweig nach Wittlingen, von dort den Schildern folgen | **ÖPNV** Bus 345 a Bahnhof Bad Urach – Münsingen bis Wanderparkplatz Seeburger Tal / Rulaman | **Öffnungszeiten** immer zugänglich | **Tipp** Vom Hohenwittlingen mit grandioser Aussicht weiter ins Ermstal zur Schillerhöhle (= Tulkahöhle); sie ist auf einer Länge von gut 30 Metern begehbar, jedoch zum Schutz der Fledermauspopulation von Nov. bis März verschlossen.

11 Die Prunkschlitten-Sammlung

Fürstliches Fahrvergnügen

»Mit jemandem Schlitten fahren« bedeutet nicht immer Gutes. Und so fanden auch fürstliche Schlittenfahrten keineswegs zum reinen Vergnügen statt. Sie waren aus heutiger Sicht »geschäftliche« Anlässe, dienten vor allem Repräsentationszwecken und der Herrschaftslegitimation: Gegenüber ihren Untertanen wollten die Herrscher mit außerordentlicher Prachtentfaltung ihre Autorität und Gewalt darstellen. Die Fahrt war demnach eine Machtdemonstration. Sie erfolgte in Formation, denn der Herzog fuhr nie ohne Gefolge aus. Im ersten Schlitten saß er höchstselbst, gefolgt von der höfischen Gesellschaft, beschützt von Leibgarden und Reitknechten. Man fuhr keineswegs zur Landpartie aus, sondern glitt, von Pferden gezogen, über Markt- und Schlossplätze, vorbei am staunenden Volk, dem huldvoll gewunken wurde.

Eine Ahnung, wie das früher ausgesehen haben mag, gibt die Aus- und Aufstellung der 20 Prunkschlitten im Uracher Schloss. Für Leser, die Superlative lieben: Sie ist die größte Prunkschlittensammlung der Welt. Angefertigt im 17. und 18. Jahrhundert im Auftrag württembergischer Herzöge, warten die Kufenfahrzeuge im Prunksaal des Uracher Schlosses förmlich darauf, dass die höfische Gesellschaft herbeiströmt und unter Schellengeklingel und Musik davonfährt. Ein schmaler Sitz war für die Dame gedacht, hinter ihr stand ein galanter Herr mit den Zügeln in der Hand. Verziert sind die Schlitten mit phantasievollen Tieren, Sagengestalten und antiken Göttinnen und Göttern. Nur die besten Hofkünstler wurden für den Bau der exquisiten Kunstwerke verpflichtet, auf manchen Schlitten fanden die Restauratoren acht Farb- und Goldschichten, andere waren mit kostbaren Tapeten beklebt. Alles nach der jeweils herrschenden Mode und so ganz anders als die Schlitten, die man heute kennt. Fast mag man sich in die nicht immer guten alten Zeiten des Barock zurückwünschen.

Adresse Bismarckstraße 18, 72574 Bad Urach, Tel. 07125 / 158490, www.schloss-urach.de |
Anfahrt B 28 Tübingen – Ulm, Abfahrt Bad Urach, dann Richtung Marktplatz | **ÖPNV** Das
Schloss liegt nur wenige Gehminuten vom Bahnhof entfernt. | **Öffnungszeiten** Nov. – März
Mi, Fr 13 – 16 Uhr, Di, Do 10 – 16 Uhr, Sa, So und Feiertage 12 – 17 Uhr, April – Okt.
Di – So und Feiertage 10 – 17 Uhr | **Tipp** In den AlbThermen macht Urach seinem Status als
traditionsreiches Kurbad alle Ehre, www.albthermen.de.

12 Die »Villa Hügel« im Kaltental

Der Förster und die Fürstin

Mitten im Uracher Wald steht ein hübsches Fachwerkhäuschen, um das sich Legenden ranken. Demnach handelt es sich um ein Liebesnest mit einer Affäre à la Lady Chatterley auf der Alb, zwischen Förster und Königstochter. Doch nix Genaues weiß man nicht.

Fakt ist, dass Forstmeister Philipp Freiherr von Hügel 1864 im Kaltental das Kaltentalhäuschen erbauen ließ, das im Volksmund Villa Hügel heißt. Es ist winzig klein, besteht aus nur einem Raum und erinnert an Hügels Jugendfreundin Prinzessin Marie. Der Forstmeister und die älteste Tochter von König Wilhelm I. von Württemberg sahen sich regelmäßig, auch während Maries unglücklicher Ehe mit dem Grafen Neipperg und nach dessen Tod. Gemeinsam ritten und fuhren sie in der Kutsche durch Wiesen und Wälder und fanden ihren Lieblingsort im Uracher Wald: das Kaltental.

Bis heute wird vermutet, dass »wegen höfischer Vorschriften« eine Heirat der beiden unmöglich war, Prinzessin Marie und ihr Forstmeister ein tragisches Liebespaar blieben, obwohl Marie, die »liebliche, zarte Erscheinung, in höchstem Grade anmutig«, die Hand mehrerer Bewerber »aus hochfürstlichen Häusern« ausschlug und nie mehr heiratete. Von Hügel starb 1887, nur drei Wochen nach Marie.

Als Forstmeister hat er sich um den damals aufkeimenden Tourismus auf der Alb verdient gemacht. Er gründete einen Verschönerungsverein, legte Wanderwege an und baute Schutzhütten. Der »Schwäbische Merkur« lobte vor 150 Jahren: »Die Menge von Wegzeigern, Hinweistafeln, Ruhebänken und andere Bequemlichkeiten erleichtern die Wanderung in den prachtvollen Buchenwäldern des Uracher Forstes, über Höhen und Felsen, durch Täler und Schluchten ungemein …«. Heute unterhält die staatliche Forstverwaltung das Häuschen (leider nicht zugänglich), von dem ein Spaziergang zum idyllischen Kaltentalweiher führt.

Adresse Mariental, Pfählhof, 72574 Bad Urach | **Anfahrt** an der L 211 zwischen Bad Urach und Grabenstetten bis Wanderparkplatz Pfählhof, dann 15 Minuten Fußweg das Mariental hinauf, Info: www.badurach-tourismus.de | **ÖPNV** Bus 100 Bad Urach-Grabenstetten | **Tipp** Das Höhenfreibad Bad Urach hat ein 50-Meter-Schwimmbecken, Sprungturm und eine 66-Meter-Rutsche. Es liegt auf einem sonnigen Plateau am Tiergartenberg, unterhalb der Burgruine Hohenurach, mit weitem Blick ins Ermstal. Eins der schönsten Freibäder der Schwäbischen Alb! Am Tiergartenberg, 72574 Bad Urach, Tel. 07125/8184 und 156370, geöffnet Mai–Sept. Mo–So 6–19 Uhr

13— Das Schlössle

Kitsch as Kitsch can …

Eine Fata Morgana an der Straße von Urach nach Münsingen? Wer mitten im idyllischen Seeburger Tal links am Hang erstmals das Schlössle sieht, mag seinen Augen kaum trauen. Es könnte Schauplatz eines kitschigen Adelsromans sein, mit all seinen Türmchen, der eingezäunten Dachterrasse und dem akkurat getrimmten Garten mit Wasserspielen, üppigen Blumenrabatten, allegorischen Figuren, Putten und steinernen Löwen am Portikus.

Das geradezu exotische Anwesen ist weltbekannt, zierte den Einband von Agatha Christies »Villa Nachtigall« ebenso wie die Cover von Edgar Wallace' Krimi »Bei den drei Eichen« oder Otto F. Walters »Zeit des Fasans«.

Erbaut wurde es anno 1885 aus Seeburger Tuffstein von einem Stuttgarter Arzt namens Karl Schmid als Privatsanatorium. Hier sollten zahlungskräftige Patienten ganzheitlich mit geistigen und musischen Ansätzen kuriert werden.

Dass Schmid einen außergewöhnlichen Geschmack hatte, untermauert ein über dem Portal in Stein gemeißeltes, Horaz zugeschriebenes Zitat: »Odi profanum vulgus et arceo« (Ich hasse das Gemeine und halte es von mir fern).

Das Märchenschlössle wurde nach wechselvoller Geschichte für die Gastronomie wach geküsst. Seit 2008 hat die Familie Bimek das gastronomische Sagen. Der Küchenmeister und Konditor kocht schwäbisch und bäckt schwindelerregend hohe Torten. Serviert wird in drei Räumen, deren Holztäfelung viel zur Atmosphäre beiträgt, wie auch unzählige Ausstellungsstücke, die überall herumstehen. Zu den technischen Finessen gehört der noch funktionstüchtige Handaufzug von der Küche bis in den Geschirrschrank des Speisezimmers.

Da auch Autohersteller und Modeschöpfer das malerische Schlösschen als dekorative Kulisse für Werbeaufnahmen längst entdeckt haben, ist das Anwesen inzwischen weit bekannt.

Adresse Speisecafé Schlössle, Wiesentalstraße 26, 72574 Bad Urach-Seeburg, Tel. 07381 / 3120, www.speisecafe-schloessle.de | **Anfahrt** B 465 Bad Urach – Münsingen, liegt direkt an der Straße | **Öffnungszeiten** Mi – Sa 12 – 20 Uhr, So 11.30 – 20 Uhr | **Tipp** Seeburg ist als Wander- und Radfahrziel wegen der reizvollen Schluchtenlandschaft beliebt. Die markanten Kalksteinfelsen sind ein Paradies für Kletterer. Eine mehrstündige Wanderung führt zur Burgruine Hohen Wittlingen.

14__ Die Uria-Rinderzucht
»Lebenslänglich« auf der Weide

»Uria« hat Landwirt Ernst Hermann Maier seine frei laufenden Rinder genannt, angelehnt an den Auerochsen »Ur«, der einst wild durch Europas Wälder zog. Auch Maiers Kühe, Bullen und Kälber leben am Fuß der Hohenzollernburg im natürlichen Herdenverband unter freiem Himmel. Sie sind das ganze Jahr draußen auf dem 80 Hektar großen Areal; im Winter in der offenen Futterhalle.

Dass die rund 270 Urias so natürlich leben dürfen, war und ist verbunden mit einem Hürdenlauf durch die Institutionen. Denn mit seinen revolutionären Methoden und dem Kampf für mehr Würde und Respekt in der Nutztierhaltung eckt Maier naturgemäß an. Er kämpfte von Anbeginn an vielen Fronten dafür, dass auch eine Kuh in Würde leben und sterben darf. Längst hat der engagierte Landwirt bewiesen, dass tiergerechte Haltung und stressfreie, tierschonende Schlachtung möglich sind. Bis zur amtlichen Genehmigung für den Einsatz der von ihm entwickelten mobilen Schlachtbox auf der Weide vergingen allerdings dreizehn Jahre.

Der Landwirt lebt von seinen Tieren und macht vor, wie ihre Nutzung mit Respekt und Zuneigung möglich ist. Tierwohl geht ihm, Sohn Edgar sowie Tochter Annette über alles – und bringt eine einzigartige Fleischqualität hervor. Aktuell läuft die Fehde um EU-genormte Ohrmarken, deren Anbringen den Tieren Schmerz verursacht und die ihnen auf der Weide an Gebüsch immer wieder ausgerissen werden. Maiers Urias tragen hingegen Mikrochips an der Schwanzwurzel, wie sie bei Schafen und Pferden erlaubt sind: schmerzfrei, ohne Verletzungsgefahr – aber für Rinder illegal. Der Kampf geht weiter.

Maier hält als »Der Rinderflüsterer« Vorträge über seine Erfahrungen mit ethischer Tierhaltung, hat ein viel beachtetes Buch geschrieben und in seinem Verein Uria e. V. »zur Förderung einer neuen Art der Tierhaltung« über 1.200 Mitglieder versammelt, die sich mit ihm engagieren.

Adresse Uria e. V., Ernst Hermann Maier, Dorfstraße 42, 72336 Balingen-Ostdorf, Tel. 07433 / 21774, www.uria.de | **Anfahrt** aus Baldingen über die Bahnhofstraße und L 365 / Ostdorfer Straße über die Rathausstraße | **Öffnungszeiten** Uria-Hofladen: Mo–Fr 9–11 und 16–19 Uhr, Sa 9–13 Uhr oder www.uria-shop.de, Führungen nur nach Voranmeldung | **Tipp** Beliebt sind die »Zillhausener Märchenwanderungen«: Sigrid Maute organisiert Märchenwanderungen in und um Balingen-Zillhausen: »wanderbare« Märchen in wunderschöner Landschaft, (Gruppen-) Anmeldungen Tel. 07435/910449, www.maerchenfreude.de.

15 Das Kutschen-Wagen Museum

Bauern-Gefährte, Wagen und Schlitten

Fuhrmann Helmut Fried hat ein Händchen fürs Kutschieren. Während er im täglichen Leben als Kraftfahrer mehrere 100 PS unter dem Hintern hatte, genügen ihm als Chef des Kutschenmuseums ein oder zwei Pferdestärken. Mit seinem ersten Pferd fing 1976 alles an, und schon bald entwickelte Helmut Fried eine Passion für Kutschen.

Die erste Kutsche baute er noch selbst. Sie steht heute »draußen in den Brennnesseln«. Seither hat Fried unermüdlich ausgediente Wagen, Kutschen und Schlitten zusammengetragen. Auf rund 100 Stück ist die Sammlung angewachsen, ausgestellt in einer eigens erbauten Halle. Neueste Errungenschaft ist eine Feldküche, auch »Gulaschkanone« genannt, aus der Schweiz.

Man erwarte jedoch keine Prunkkarossen (siehe Bad Urach, Ort 11). Die Exponate aus der Zeit zwischen 1880 und 1920 waren alle im ländlichen Umfeld im (Arbeits-)Einsatz. Sie dienten als Heuwagen, oder, wie Frieds Lieblingsschlitten, zum Mistfahren. Der »ganze alte Gruscht« wird in dem Zustand, in dem er ihn gekauft hat, präsentiert. Nichts wird restauriert, die Gebrauchsspuren sollen erkennbar bleiben. Nur dann sind es wirklich Originale, denen man ansieht, dass mit ihnen schwer gearbeitet wurde. Als Exot unter den einheimischen Gefährten ragt ein amerikanischer Einspänner-Buggy heraus, den man aus Wildwestfilmen zu kennen glaubt. Besonders stolz ist der Museumsgründer auf den Leichenwagen, der schon mehrfach im Einsatz war, zuletzt für eine 96-jährige Nachbarin. Sie hatte testamentarisch verfügt, dass sie in ebendiesem Leichenwagen zur Bestattung gefahren werden wolle.

Für freudigere Anlässe wird die »Viktoria«, eine besonders stattliche Kutsche, geschmückt und angespannt. Neu ist die Puppen-Ausstellung mit gut 200 wunderhübschen Leihgaben. Im Museumsstüble tischt Ehefrau Doris Fried selbst gemachte Kuchen oder ein schwäbisches Vesper auf.

Adresse Kutschen-Wagen Museum, Ulmer Straße 36, 89180 Berghülen-Bühlenhausen, Tel. 07344/8980, www.kutschen-wagen.de | Anfahrt B 28 Laichingen–Blaubeuren, Abfahrt Berghülen auf die L 1236 (Dorfstraße) nach Bühlenhausen | Öffnungszeiten April–Okt. Sa, So und Feiertage 10–17 Uhr; Nov.–März So 13–17 Uhr, außerhalb der Öffnungszeiten auf Voranmeldung, Kutschfahrten nach Absprache | Tipp Auf dem Hülenfußpfad sind Wanderer dem Wasser auf der Spur, der sieben Kilometer lange Weg führt durch herrliche Landschaft an drei Hülen, den einzigen Oberflächengewässern der Albhochfläche, vorbei.

16 Das Kloster Beuron

Beuroner Schule im Tal der Mönche

Noch heute pilgern über 100.000 Menschen alljährlich in Sonderzügen, Omnibussen und einige sogar zu Fuß hierher, in den Kloster- und Wallfahrtsort Beuron. Er ist an einer Flussschlinge der Oberen Donau gelegen.

Gegründet von den Augustinern im 11. Jahrhundert, ist Beuron seit 1863 ein Benediktinerkloster. Die Brüder bauten dem Gnadenbild eine eigene Kapelle innerhalb der Klosterkirche, die 1900 im Stil der späten »Beuroner Schule« ausgestaltet wurde und in ihrer Ausschmückung geradezu orientalisch anmutet.

Die Entstehungsgeschichte der Beuroner Schule geht auf Pater »Desiderius« Lenz zurück, anno 1868 Begründer der gleichnamigen Künstlergruppe. Er entwickelte eine eigene Kunsttheorie zur Erneuerung der katholisch-kirchlichen Kunst und etablierte mit seinen Mitstreitern und Schülern um 1868 eine Künstlerkolonie im Kloster. Ihre Kunstschule orientierte sich stark an den ägyptischen, altchristlichen und byzantinischen Vorbildern.

Das Pionierwerk dieser eigenständigen und einmaligen Sakralkunst steht ein paar Kilometer vom Kloster entfernt: die Kapelle St. Maurus. Einst ein zum Kloster gehörendes landwirtschaftliches Gut, ist das Areal heute staatlicher Besitz. Dieses Landgut, gelegen zu Füßen der Burg Wildenstein, war einst Sommerwohnsitz der Landesfürstin Katharina von Hohenzollern-Sigmaringen. Sie erteilte Pater Desiderius den Auftrag, der den Beginn der Beuroner Schule markiert. Die Ausmalung der St.-Maurus-Kapelle im Jahr 1871 strahlte in der Folge von Beuron in die gesamte katholische Welt aus, und auch heute noch beeindrucken ihre strengen klaren Formen.

Wanderer passieren Kapelle und Kloster auf der Wanderroute »Tal der Mönche«, die vom Mittelalterstädtchen Fridingen flussabwärts Richtung Sigmaringen führt. Dort, wo die junge Donau am schönsten ist, liegt Kloster Beuron mit seinen denkmalgeschützten Anlagen ungefähr auf halber Strecke.

+ SANCTE · MARTINE · ORA · PRO · NOBIS +

...IFICAVIT · DOMINVS · TABERNACVLVM · SVVM · QVIA · HAEC · EST · DOMVS · DEI

Adresse Erzabtei St. Martin zu Beuron, Abteistraße 2, 88631 Beuron, Tel. 07466/17175, www.erzabtei-beuron.de | **Anfahrt** Das Kloster liegt an der L 277 Tuttlingen–Sigmaringen, zwischen Fridingen und Hausen im Tal. | **ÖPNV** Zug 755 Donautalbahn/Naturpark-Express bis Beuron, Radwanderbus am Kloster | **Öffnungszeiten** Mo–So 5–20 Uhr, Führungen nach Absprache | **Tipp** Die Klosterbuchhandlung neben der Abteikirche hat täglich von 8.30 bis 17.30 Uhr geöffnet und bietet ein breites Sortiment erbaulicher Literatur, CDs und Devotionalien sowie Klosterprodukte wie hausgemachte Wurst oder Beuroner Destillate.

17 — Der Blautopf

Das Lächeln wiederfinden …

Ein Geheimtipp ist der Blautopf wahrlich nicht, doch ein Ort, den man gesehen – und gespürt – haben muss. Seine Farbe – Blau in allen Facetten changierend bis hin zu Grün – hat etwas geradezu Magisches. Mythen, Märchen und viele geheimnisvolle Sagen ranken sich um den Blautopf. Eine der schönsten ist die »Historie von der schönen Lau« von Eduard Mörike. Darin geht es um eine in die Quelle verbannte Wassernixe, die ihr Lachen wiederfindet.

Der Dichter war von der Farbe des Wassers so inspiriert, dass er es als »von Farbe ganz blau, sehr herrlich, mit Worten nicht wohl zu beschreiben« rühmte. Auf dem Grund säße eine Wasserfrau mit langen fließenden Haaren. Eine Steinskulptur am Ufer erinnert an die schöne Lau. Die Nixe soll noch heute gelegentlich in den Tiefen des Quelltrichters zu sehen sein. Einem Aberglauben nach galt der Blautopf als bodenlos. Versuche, die Tiefe mit einem Bleilot zu messen, sollen stets von einer Nixe vereitelt worden sein. Sie soll ständig das Gewicht gestohlen haben. Fakt ist: Es war lange Zeit nicht möglich, die Tiefe der Quelle zu bestimmen.

Die Ursache des tiefen Blaus gab auch immer wieder Anlass zu Spekulationen, mit der einfachen Lösung, dass Blau nun einmal die Eigenfarbe reinsten Wassers ist: Das einfallende Sonnenlicht wird vom Wasser in sämtliche Spektralfarben gebrochen, wobei die gelben und roten Strahlen fast komplett absorbiert werden. So gelangen nur die blauen ins Auge des Betrachters. Wasser war auf der kargen Albfläche überlebenswichtig, am Blautopf floss und fließt es reichlich; in Spitzenzeiten schüttet die Karstquelle, die ihn speist, bis zu 32.000 Liter pro Sekunde aus. Sie ist die Quelle mit der zweithöchsten Schüttung Deutschlands. Gespeist wird sie von einem Unterwasserhöhlensystem, das erst in den 1950er Jahren entdeckt und seither auf einer Länge von 3.000 Metern erforscht wurde. Besonders erwähnenswert sind die mit Luft gefüllten Höhlenhallen, allen voran der »Mörikedom«: 30 Meter hoch und 125 Meter lang.

Adresse Mühlweg, 89143 Blaubeuren, Tel. 07344/921025 (Tourismuszentrale), www.blaubeuren.de und www.blauhoehle.com | **Anfahrt** B 28 Bad Urach–Ulm, Abfahrt Blaubeuren und der Beschilderung Blautopf folgen | **ÖPNV** Schwäbische Alb-Bahn Ulm–Sigmaringen, Bahnhof Blaubeuren sowie Rad-Wander-Bus Laichinger Alb bis Blaubeuren Tourist-Information | **Tipp** Im Sommer finden eine Straße weiter innerhalb der Mauern des Klosters Blaubeuren Konzerte mit hochrangigen Klassikmusikern statt.

18 Das Urgeschichtliche Museum UrMu

Sex in der Eiszeit

Jüngste Attraktion der Schwäbischen Alb sind die ältesten Kunstwerke der Menschheit: Die Sensation war perfekt, als Archäologen der Uni Tübingen die aus der Karsthöhle Hohle Fels ausgegrabene Eiszeit-Venus im Jahr 2009 der staunenden Weltöffentlichkeit präsentierten: Sie hatten die älteste bekannte Menschendarstellung gefunden.

An der Deutung der Figur schieden sich indes die Geister. War die Venus nun die Urmutter schlechthin oder »ein pralles eiszeitliches Pin-up-Girl für einsame Jägerstündchen«? Nach den Eiszeit-Höhlen der Schwäbischen Alb hat diese Ikone der Weiblichkeit im Urgeschichtlichen Museum in Blaubeuren – liebevoll Urmu genannt – eine neue Heimat gefunden. Obwohl sie nur gut sechs Zentimeter groß ist, geschnitzt aus Mammutelfenbein, kann sich ihrer Anmut kaum jemand entziehen.

Die Höhlen rund um Blaubeuren gehören zu den wichtigsten archäologischen Fundstellen Europas. Die dort gefundenen ältesten Musikinstrumente der Welt, Malereien und andere berühmte Figuren wie Löwenmensch oder Wasservogel werden in den Schatzkammern der Eiszeitkunst im »urmu« ausgestellt. Als zentrales Museum für Altsteinzeit in Ba-Wü schildert das Urmu wie eiszeitliche Jäger und Sammler, Neandertaler und die frühen modernen Menschen lebten, und was geschah, als die beiden vor 40.000 Jahren aufeinandertrafen. Kunst, Musik und Schmuck sind Zeichen dieser Begegnung und lassen vermuten, dass die Ur-Schwaben der Eiszeit in den Höhlen der Alb die darstellende Kunst, die Musik und womöglich auch die Malerei erfunden haben. Die Präsentation schlägt den Bogen anhand anderen Beispielen eiszeitlicher Kunst zur Klassischen Moderne und Gegenwartskunst. Die Touristiker vermarkten diesen Teil der Alb jetzt als »Weltkulturgebirge« mit der mystischen Figur des »Löwenmensch aus dem Lonetal« als Symbol.

Adresse Kirchplatz 10, 89143 Blaubeuren, Tel. 07344/966990, www.urmu.de | **Anfahrt** B 28 Abfahrt Blaubeuren, bis zu einem der Parkplätze, dann zu Fuß durch die Altstadt zum Museum | **ÖPNV** Bahnlinie Ulm-Sigmaringen, vom Bahnhof einen Kilometer Fußweg | **Öffnungszeiten** Dez.–Mitte März Di–Sa 14–17 Uhr, So 10–17 Uhr, Mitte März–Nov. Di–So 10–17 Uhr | **Tipp** In der pittoresken Altstadt kann man entspannt bummeln und rasten. Das alte Gerberviertel an der Aach mit seinen Wasserläufen wird im Volksmund »Klein-Venedig« genannt.

19_ Die Mode von Marc Cain

Durchdesignt und rundgestrickt

Ja, ist denn hier das Silicon Valley? Eingebettet in sattes Grün um einen künstlichen See liegt die Firmenzentrale von Marc Cain wie der Campus eines IT-Multis: feinste Architektur im Stil der Postmoderne, strahlend weiß und gestylt bis zu den exakt rasierten Buchsbäumen. Die Adresse: das Industriegebiet am Ortsrand des ländlichen Bodelshausen.

Design können sie bei Marc Cain: Hier entsteht Damenbekleidung der Oberklasse mit Weltgeltung. Der Standort ist kein Zufall, denn in Bodelshausen wuchs Helmut Schlotterer, Gründer und Inhaber von Marc Cain, mit dem Strickwarengeschäft seines Vaters auf. Mit Strick fing auch bei Marc Cain alles an. Vor über vierzig Jahren machte der Selfmade-Unternehmer den Namen eines kanadischen Freundes zu seiner Marke, in einer Zeit, als in Textilbetrieben auf der Alb die Lichter eher aus- als angingen. Der väterliche Textilbetrieb wurde 1976 zur Keimzelle der jungen Marke. Es begann mit Strickwaren, es folgten Blusen, Hosen, Röcke bis zum Vollsortiment. Schlotterer investierte in Technik, holte Mitarbeiter »auf die Alb« und forcierte den Vertrieb.

Durch Produktion und Entwicklung im eigenen Haus lassen sich innovative Designs direkt umsetzen. Was die Designer in ihren Büros entwerfen, wird in den unteren Stockwerken gefertigt, bedruckt, gewaschen, getrocknet, gebügelt und geprüft. Die gesamte Fertigung ist komplett durchdigitalisiert. Rund um die Uhr laufen 85 Strickmaschinen in klimatisierten Hallen. Pullover, Strickjacken und Röcke können komplett ohne Nähte gestrickt werden; dank modernster Technik entsteht in nur einem Arbeitsgang ein fertiges Kleidungsstück.

Vor einem Jahrzehnt begann mit dem Bau des Factory Outlet die Ära der postmodernen Architektur bei Marc Cain und beweist: »Fabrikverkauf« geht auch ganz ohne Wühltisch, dafür mit einem Besuch im schicken Café vor oder nach dem Shopping.

Adresse Marc Cain Factory Outlet, Marc-Cain-Allee 15, 72411 Bodelshausen, Tel. 07471 / 7090 und 709274, www.marc-cain.com | **Anfahrt** von der B 27 über Tübinger und Hechinger Straße bis zum Ziel | **ÖPNV** von Hechingen Bus 7617 bis Haltestelle Marc Cain | **Öffnungszeiten** Mo–Fr 10–20 Uhr, Sa 10–18 Uhr | **Tipp** Noch mehr Factory Outlet in Bodelshausen gefällig? Dann einfach von Marc Cain in Richtung Stadtmitte fahren bis Speidel Lingerie (Wäsche, Dessous), Paul-Gerhardt-Straße 10, 72411 Bodelshausen, Tel. 07471/7010, www.speidel-lingerie.de, Mo–Fr 9–18 Uhr, Sa 9–14 Uhr .

20__ Der Mammut

Rekordverdächtiger Baum

Der im Weihnachtsschmuck von 3.000 LED-Lämpchen funkelnde Riesenbaum neben der evangelischen Marienkirche ist eine der größten Wellingtonien im Ländle, wenn nicht sogar die größte. Angeblich bringt es der gut 150-jährige Baumriese auf 37 Meter Höhe. Nicht genug, um der höchste im Lande zu sein, doch in der Region soll erst mal ein anderer Mammut mithalten.

Dort gibt es einige, und wie die aus Kalifornien stammenden Mammuts der Sorte *Sequoiadendron giganteum* ins Ländle kamen, darüber gibt es eine schöne, wenn auch umstrittene Legende. Die Riesenmammutbäume wurden 1852 in den USA entdeckt, was den naturverbundenen König Wilhelm I. von Württemberg offenbar elektrisierte. Er soll 1864 »ein Löt Samen« (etwa 15 Gramm) bestellt haben, was die Amerikaner als »a lot« (eine Menge) übersetzten und darum sehr viel Samen schickten, nämlich ein Pfund, damals 470 Gramm, was 100.000 (!) Samen der schnell wachsenden Wellingtonie entsprach.

Guter Rat war teuer, die Gartenexperten der Wilhelma jedoch nah. Aus der sogenannten »Wilhelma-Saat« wurden kräftige Pflanzen gezogen. Zwischen 5.000 und 8.000 sollen es gewesen sein, die an Forstämter im ganzen Land verteilt und auch in der Wilhelma gepflanzt wurden. Königs- und Fürstenhäuser sicherten sich Exemplare für ihre Residenzen, doch die meisten Mammuts wuchsen an »normalen« Standorten. Als 2014 das 150. Jubiläum der Mammutbäume gefeiert wurde, waren 132 erhaltene Exemplare bekannt. Keine schlechte Bilanz!

Der Bronnweiler Mammut kam nicht allein, er hatte einen Zwilling. Weil der aber schief wuchs, wurde er als 100-Jähriger im Jahr 1964 aus Sicherheitsgründen gefällt. Der verbliebene Zwilling überragt längst den Kirchturm und legt auch in der Breite zu. Für den Fall, das der Mammut eines Tages abgeholzt werden muss, wurde ein zweiter Baum in größerem Abstand zur Kirche gepflanzt, der die Nachfolge übernehmen kann.

Adresse Mammutbaum an der Marienkirche, Im Wiesaztal, 72770 Reutlingen-Bronnweiler, Tel. 07121/57143 | **Anfahrt** von Reutlingen aus auf B 28 und L 383 bis Ortsmitte Bronnweiler | **ÖPNV** von Reutlingen Bus 155 bis Bronnweiler-Mitte | **Öffnungszeiten** immer zugänglich, Weihnachtsbeleuchtung vom 1. Advent bis Dreikönig (6.1.) | **Tipp** Direkt hinter der Kirche befindet sich Im Weiler 6 die Freiwillige Feuerwehr Bronnweiler. Neben deren Gerätehaus ist eine historische Handspritzpumpe von 1885 ausgestellt (jederzeit zugänglich); sie wurde von bis zu zwei Pferden gezogen und rückte einst bei Bränden in Bronnweiler aus.

21 Die Burg Hohenzollern

»Krone aller Burgen in Schwaben«

Der Hohenzollern, wie die Burg genannt wird, erfüllt jedes Klischee einer Ritterburg: Es gibt Befestigungsanlagen, Kapellen, Burggarten, Türme, Zinnen und Kasematten. Gebäude und Säle vermitteln Ritterherrlichkeit. Dazu eine Schatzkammer voller Geschmeide und Kostbarkeiten – die berühmten Tabakdosen und Spazierstöcke – Erinnerungsstücke an Friedrich den Großen, bekannt als »Alter Fritz«.

Alles stimmt, bis hin zu den Filzpantoffeln, mit denen Besucher durch die Räume schlurfen. Kein Wunder, dass die Burg mit 300.000 Besuchern jährlich zu den größten touristischen Attraktionen gehört und im Schlosshof mehr fremde Sprachen zu hören sind als anderswo im Ländle.

Seit dem Jahr 1000 wurde die Stammburg der Preußenkönige und letzten deutschen Kaiser zweimal erbaut und zweimal zerstört. Die heutige dritte Burg wurde erst 1867 eingeweiht. Kronprinz Friedrich Wilhelm von Preußen hatte sie bauen lassen. Die neugotische Burganlage besitzt Wehranlagen, die ein Meisterwerk der Kriegsbaukunst des 19. Jahrhunderts darstellen. Ihre Lage auf dem schönsten Berg Schwabens in 855 Metern Höhe unterstreicht ihr malerisches Erscheinungsbild. Sie ist eine der imposantesten Burganlagen Deutschlands und die Wiege der Familie Hohenzollern.

Diese Dynastie gliedert sich in die schwäbische, stets katholisch gebliebene Linie der Hohenzollern-Sigmaringen (siehe Seite 212) und die brandenburgisch-preußischen Hohenzollern, die evangelisch sind. Aus Letzteren ging 1701 das preußische Königshaus und 1871 das deutsche Kaiserhaus hervor. Den Kern ihres Herrschaftsbereiches bildete die namensgebende Burg bei Hechingen, die noch heute beiden Familienzweigen gehört (den Sigmaringern zu einem Drittel).

Jeder, der dort oben steht, wird Kaiser Wilhelm I. beipflichten, der 1886 bei einem Besuch sagte: »Die Aussicht von der Burg Hohenzollern ist wahrlich eine Reise wert.«

50

Adresse 72379 Burg Hohenzollern, Tel. 07471 / 2428, www.burg-hohenzollern.de |
Anfahrt B 27 Stuttgart – Tübingen – Hechingen – Balingen, Abfahrt Hechingen Süd,
dann der Beschilderung Burg Hohenzollern folgen bis Parkplatz, 20 Minuten Gehzeit
zum Schloss oder per Shuttlebus | **ÖPNV** Bus 300, Haltestelle Burg Hohenzollern |
Öffnungszeiten Mitte März – Okt. Mo – So 10 – 17.30 Uhr; Nov. – Mitte März
Mo – So 10 – 16.30 Uhr | **Tipp** Speisen mit dem Hohenzollern im Blick: Am Fuß
des Berges bietet das Hofgut Domäne Einkehr bei Pizza und Schnitzel in Biergarten
und Brauerei, www.hofgut-domaene.de.

22 — Das Peitschenmuseum
Killermer Peitschen für die Welt

Eine Gemeinde namens Killer, in der es ein Peitschenmuseum gibt, lässt vieles vermuten. Doch es ist alles ganz harmlos. Der Ortsname leitet sich nicht von Mord und Totschlag ab, sondern vom alten »Kirchweiler«. Die Herstellung von Peitschen war über Jahrhunderte Haupterwerbszweig der Killermer Bevölkerung, in nahezu jedem Haus wurden sie gefertigt, ab 1900 teilweise bis zu 5.000 Stück täglich; fast jede Peitsche der damaligen Zeit stammte aus Killer.

Kein Wunder, dass eine Peitsche das Ortswappen des Burladinger Stadtteils schmückt. Nach 1950 begann der Siegeszug der motorisierten Landwirtschaft und damit der Niedergang der Peitschenmacherwerkstätten: Traktoren ersetzten Zug- und Arbeitstiere. Das jahrhundertealte Handwerk war dem Untergang geweiht, 1978 wurde die letzte Fabrik geschlossen. 1993 wurde das erste und einzige deutsche Peitschenmuseum im schmucken Bahnhofsgebäude von Killer eröffnet. Es war in Eigenarbeit vom Heimatverein instand gesetzt worden.

Oliver Simmendinger, Urenkel eines der letzten Peitschenmacher, sorgt als ehrenamtlicher Museumsleiter dafür, dass die Erinnerung an diese alte Tradition lebendig bleibt. Den Mittelpunkt der Sammlung bildet eine komplette Werkstatt, in der wie damals Peitschen hergestellt werden. Zu bewundern ist auch der Musterkoffer eines Händlers, der einst mit einem Sortiment im Miniaturformat durch die Lande zog.

Die Dauerausstellung »Peitschen aus aller Welt« beweist, dass es diese Art Antriebsmittel in allen erdenklichen Arten gab und gibt. Gezeigt werden jedoch keine Folterinstrumente, sondern, im übertragenen Sinne, Zündschlüssel. Was heute der Zündschlüssel ist, war früher die Peitsche, mit der man Ochsen oder Pferde antrieb. Seit 1996 steht das Museum sogar im Guinness Buch der Rekorde, als erstes und einziges seiner Art. Im ehemaligen Bahnhof der Gemeinde gibt es eine kleine Cafeteria und Peitschen aus der eigenen Manufaktur zu kaufen.

Adresse Am Peitschenmuseum 1, 72393 Burladingen-Killer, Tel. 0700 / 19931993, www.peitschenmuseum.de | **Anfahrt** Killer liegt an der B 32 Hechingen – Burladingen, direkt hinter Jungingen | **ÖPNV** Rad-Wander-Shuttle (ZAB 2) 759 / 766 / 768 und Radwanderbus nach Killer | **Öffnungszeiten** Mai – Okt. jeden 1. So 10.30 – 17.30 Uhr und nach telefonischer Vereinbarung | **Tipp** Die Salmendinger St.-Anna-Kapelle aus dem 17. Jahrhundert liegt weithin sichtbar auf dem 886 Meter hohen Kornbühl zwischen den Burladinger Ortsteilen Salmendingen und Ringingen. Hinauf führt ein Kreuzweg mit 14 Stationen.

23 Die Kanz Automobile

Nobelkarossen von der Alb

Sie sind die sprichwörtlichen bunten Hunde, auf vielen TV-Kanälen präsent, doch auf der Alb zu Hause. In Melchingen betreiben die Brüder Sven und Michael Kanz das wohl exklusivste Autohaus des Landes. Sie verkaufen spektakuläre, luxuriöse und meist sündhaft teure Nobelkarossen, Sportwagen und PS-Protze an eine mindestens ebenso bunte Kundschaft. Promis wie Rapper Kay One, die Ludolfs oder bekannte Fußballspieler geben sich zum Autokauf ein Stelldichein auf der Alb. Bugatti, Ferrari, Bentley, Maybach, Aston Martin, Lamborghini, McLaren, Rolls-Royce: Ihr Angebot an Neuwagen und gepflegten Gebrauchten ist de luxe, umfasst aber auch »normale« Audi, Skoda und VW.

In elterlichen Garagen nahmen bekanntlich die irrsten Karrieren Fahrt auf. Michael, der Kfz-Mechaniker, und Sven, der Heizungsbauer, kauften alte Autos auf, möbelten sie in Vaters Garage auf und verkauften sie wieder. Nach dem ersten Porsche entdeckten die Brüder ihren Nischenmarkt: Luxusautos. Die Autohändler-Karriere im »Kanz-Valley« nahm ihren Lauf. Heute stehen die Luxusschlitten in einem Showroom, der an ein gestrandetes Ufo erinnert und wegen Überbreite mit Polizeieskorte angeliefert werden musste.

Als sie einen vom Burladinger Textilkönig Wolfgang Grupp (Trigema) ausgemusterten Hubschrauber weiterverkauften, hagelte es erste Schlagzeilen. Die Brüder wurden vom Fernsehen entdeckt, RTL drehte »Kanz oder gar nicht«, sie traten in Talkshows auf und wurden »die bekanntesten TV-Luxusautomobilhändler Deutschlands«.

Dabei sind die beiden Autoverrückten bodenständig geblieben, pflegen die schwäbische Kaufmannsehre wie auch ihr Idiom, und wer »nur mal gucke« will, darf durchaus in einem Nobelschlitten Probe sitzen. Das Familienessen bei Mutter Ingrid ist den Brüdern heilig, von 12 bis 14 Uhr ist der Laden zu. Oft genug sitzen Freunde und Prominente, die ihre Autos in Melchingen kaufen, mit am Tisch.

Adresse Steinbraike 20, 72393 Burladingen-Melchingen, Tel. 07126/9289933, www.kanz-automobile.com | **Anfahrt** aus Richtung Mössingen über die L 385, aus Burladingen über die Ambrosius-Heim-Straße nach Melchingen | **ÖPNV** Bus 5 von Burladingen nach Melchingen | **Öffnungszeiten** Mo–Fr 10–12 und 14–19 Uhr, Sa 10–14 Uhr | **Tipp** Von hier ist es ein Katzensprung zum Freizeitpark Traumland auf der Bärenhöhle, mit Märchenwald, Bienenturm, Steinschleuder, Kinderwildwasserbahn, geöffnet April–Anfang Nov. (www.freizeitpark-traumland.de).

24 Das Theater Lindenhof
Volkstheater anders

Seit 35 Jahren Theater auf der Alb, und noch immer spritzig und »evergreen«. Das muss ein kleines Schauspielensemble erst mal schaffen. Was die Melchinger auf Beine und Bühne stellen, zeugt nicht nur von ungeheurer Vielfalt, sondern auch von Spielfreude und der Lust am Diskurs mit dem Publikum.

1980 erwarb eine »ungestüme Schauspieltruppe«, unter ihnen Uwe Zellmer, Bernhard Hurm und Dietlinde Ellsässer, den Dorf-gasthof Linde im 950-Seelen-Ort Melchingen. Hier wollten sie Theater von und für möglichst alle machen. Es entstand ein etwas anderes Provinztheater, das auch unbequeme Geschichten auf die Bühne bringt, die meisten davon mit Bezug zur Schwäbischen Alb, darunter schwäbische Kleinkunst, klassische Dramen, Musiktheater, Stücke mit Flüchtlingen und mit ganzen Dorfgemeinschaften.

In der Kulturlandschaft gilt der Lindenhof als das »Wunder von der Alb«, zu dessen Premieren Kritiker aus den Metropolen anreisen. Das Ensemble führt in seinen Stücken scheinbar Paradoxes zusam-men: Heimat und Weltläufigkeit, Regionales und Globales – gern auch in breitem Älbler-Schwäbisch. Mit ihren Theaterexkursionen im Freien, der Umsetzung lokaler und regionaler Geschichte und Ge-schichten, großen Theaterprojekten mit Bürgern und dem vielseiti-gen Kleinkunstprogramm sorgen sie überregional für Aufmerksam-keit. Heute sind Vorstellungen meist Monate im Voraus ausverkauft.

Belohnt mit einer ganzen Reihe von Auszeichnungen, hat sich das Privattheater den in Deutschland einzigartigen Förderstatus »Regionaltheater« erspielt. Auf dem Kalender stehen jährlich rund 350 Veranstaltungen in Melchingen und an Gastspielorten im Ländle, aber auch in München, Hamburg, Berlin oder Reckling-hausen. Dem auf 736 Metern höchstgelegenen Theatersaal Schwa-bens ist eine zünftige Dorfwirtschaft angegliedert, wo schwäbische Gaumenkitzel aufgetischt werden. 2018 wurde das Theater rundum und barrierefrei saniert.

Adresse Unter den Linden 18, 72393 Burladingen-Melchingen, Tel. 07126/92930, www.theater-lindenhof.de | **Anfahrt** aus Richtung Mössingen über die L 385; aus Burladingen über die Ambrosius-Heim-Straße nach Melchingen | **ÖPNV** Zu den Vorstellungszeiten verkehren keine öffentlichen Verkehrsmittel. | **Öffnungszeiten** Kartenbüro 10–18 Uhr und zwei Stunden vor den Vorstellungen | **Tipp** Outlet-Shopping am Stammsitz von Trigema, der Marke mit dem Affen. Im Testgeschäft gibt es auf 900 Quadratmetern Bekleidung, Bettwäsche, Geschirr, Schokolade und einiges mehr unter einem Dach, Josef-Mayer-Straße 94, 72393 Burladingen, Tel. 07475/88229, Öffnungszeiten Mo–Sa 9.30–18 Uhr.

25 Der Fossilien-Klopfplatz

Bummel durch die Erdgeschichte

Ein Zementwerk mit Museum ist auf der Alb nicht gerade alltäglich. Aber es kommt vor.

Bei Dotternhausen wird für die Herstellung des Baustoffs der sogenannte Ölschiefer abgebaut. Im Ölschiefer liegen die Lebewesen längst vergangener Zeiten begraben.

Was sich hier in der Jura-Zeit vor 180.000 Jahren auf dem Meeresgrund abgelagert hat, fördern heute die Bagger des Zementwerks Dotternhausen zutage.

Seit 1990 leistet sich die Holcim Süd den Luxus eines Werkforums, die sogenannte »Fundgrube Ölschiefersteinbruch«, die bestückt ist mit über 1.000 Fossilien der Jura-Zeit. Das Unternehmen ist somit Betreiber eines weithin gerühmten Fossilienmuseums, was ungewöhnlich und wahrscheinlich einmalig ist.

Firmeneigene Fachleute suchen, bergen und präparieren die Versteinerungen und bearbeiten sie. Die schönsten Stücke kommen in die Sammlung des Werkforums.

Dessen futuristische Architektur verstärkt den Eindruck, den die steinalten Flug- und Fischsaurier, Krokodile, Seelilien, Fische, Ammoniten und Kleinfossilien wie Krebse, Würmer, Muscheln, Schnecken und Hölzer auslösen. Durch den Vergleich mit heutigen Lebewesen bekommen Besucher ein lebendiges Bild des Jura-Meeres. Eine »erdgeschichtliche Rampe« lässt die unvorstellbar langen Zeitspannen der Erdgeschichte und die relative Kürze der Menschheitsgeschichte erahnen.

Wer suchet, der findet – das gilt auf dem benachbarten Klopfplatz, wo keineswegs nur Kinder auf die Suche nach Fossilien gehen. Der Klopfplatz ist jederzeit frei zugänglich, Hammer und Meißel können zu den Öffnungszeiten ausgeliehen werden.

Mit geübtem Auge lassen sich kleine Ammoniten sogar ohne Klopfen entdecken. In der »Sprechstunde« (Führung) beurteilt die Paläontologin Dr. Annette Schmid-Röhl die Funde.

Adresse Dormettinger Straße, 72359 Dotternhausen, Tel. 07427 / 79211, www.holcim.de / sued | **Anfahrt** zwischen Balingen und Rottweil, rechts an der B 27 auf dem Gelände des Zementwerks | **ÖPNV** Bahnbus von Balingen bis zur Kreuzung Dotternhausen und fünf Minuten bis zum Zementwerk | **Öffnungszeiten** Jan.–Nov. Di, Mi, Do 13–17 Uhr, So und Feiertage 11–17 Uhr, kostenlose Führungen jeden 1. Di im Monat um 18 Uhr | **Tipp** Das Zollernschlössle mit Wasserturm direkt am Wehr der Eyach im nur sieben Kilometer entfernten Balingen ist ein sehenswertes und malerisches Ensemble. Es beherbergt das Museum für Waagen und Gewichte mit 400 Exponaten von der Römerzeit bis heute.

26__Das Schloss Mochental
Kunst-Schloss mit Bildern & Besen

Schon von Weitem sieht man das Schloss auf einer Anhöhe im Kirchener Tal thronen. Dort hat sich Ewald Schrade, einer der erfolgreichsten und bekanntesten Galeristen Deutschlands, vor bald 30 Jahren niedergelassen und sein Riesenprojekt in Angriff genommen: Mochental zu einem Kunstbegriff zu machen. Der gelernte Banker hat das barocke Jagdschloss, einst vom Kloster Zwiefalten gebaut, auf eigene Kosten renoviert, umgebaut und zur wohl ungewöhnlichsten Galerie für moderne Kunst gemacht.

Das Konzept basiert auf einer Mischung aus international angesehenen großen Namen wie Marc Chagall, Günther Uecker und HAP Grieshaber in Verbindung mit jungen Nachwuchskünstlern, die Schrade immer wieder aufspürt. Das funktioniert bis heute. Auch wer meint, sich nicht für moderne Kunst begeistern zu können, wird fasziniert durch Räume und Säle, wie zum Beispiel den Hubertussaal mit seiner barocken Malerei und der Rokokostuckatur, wandeln.

Der Prachtbau ist jedoch auch Ort des »Welt ersten Besenmuseums mit Raritäten und ganz gewöhnlichen Fegern aus aller Welt«. Der Schwabe und die Kehrwoche sind ja immer wieder gut für Spott. Anno 2005 sollte diese seit dem 15. Jahrhundert bestehende gemeinschaftliche Reinigungsaktion sogar zum Weltkulturerbe erklärt werden. Zum Bedauern vieler erwies sich das als Aprilscherz. Doch obwohl 1988 offiziell abgeschafft, lassen sich 500 Jahre Alltagskultur nicht mal eben vergessen. Eberhard im Bart, erster Herzog von Württemberg, war es, der sein schlampiges Volk 1492 dazu verdonnerte, den Müll vor die Stadt zu bringen und vor der Haustür gründlich zu fegen.

Ein Relikt solch schwäbischer Reinlichkeit ist im Schloss in Gestalt eines Allgäuer Stubenbesens zu bestaunen. Außerdem ragt ein kenianischer Affenschwanzbesen aus der Sammlung heraus, ebenso Edelbesen, mit Perlen bestickt, oder ein Jugendstilexemplar.

Adresse Mochental, 89584 Ehingen an der Donau-Kirchen, Tel. 07375 / 418, www.galerie-schrade.de | **Anfahrt** B 311 bis zur K 7414 Ehingen – Lauterach fahren, Beschilderung folgen | **ÖPNV** Regionalbus 342 von Ehingen bis Kirchen / Schloss Mochental | **Öffnungszeiten** Di – Sa 13 – 17 Uhr, So und Feiertage 11 – 17 Uhr | **Tipp** Die Landwirtschaft auf dem Schlossareal führt die Familie Mauz, die deftige Vesper und hausgemachte Kuchen im rustikalen Stüble und im Schlosshof unter der Sonnenuhr auftischt, Tel. 07375 / 922188.

27 Das Automuseum Engstingen

Museum fürs »Heilix Blechle«

Im Verkauf konnte sich die metallisch schimmernde Flunder mit den Flügeltüren nie durchsetzen. Dank des Films »Zurück in die Zukunft« kennt den DeLorean DMC-12 aber fast jeder von damals, als Michael J. Fox alias Marty McFly einen Zeitsprung von 1955 ins Jahr 1885 machte. So ein schnittiger DeLorean ist im Automuseum in Großengstingen zu bestaunen. Aber nicht nur das. Alljährlich wird ein Drittel der Exponate (circa 120 Fahrzeuge) im Gebäude der ehemaligen Textilfabrik ausgetauscht.

Das Jahresthema gibt den jeweiligen Schwerpunkt vor: Mal stehen Opel, mal BMW, mal kunterbunte Heinkel-Roller oder Audi und DKW mit ihren Modellen im Mittelpunkt der »automobilen« Zeitreise. Das retro-schicke Wohnzimmer im Entrée stimmt stilgerecht ein. Es dreht sich hier alles um die Ära des Wirtschaftswunders, jene Zeit, als sich zwei- und dreirädrige Vehikel und Karren zum Automobil und oftmals auch zum Statussymbol entwickelten.

Die Sammlung, ergänzt um Leihgaben, bietet einen faszinierenden Querschnitt durch die deutsche Motorisierung der Nachkriegszeit. Viele Marken holt das Automuseum aus der Versenkung und präsentiert seltene Fahrzeuge, die sonst in keinem Museum zu sehen sind. Darunter Klein- und Kleinstwagen bis hin zum schnittigen Porsche »Dame 356 A« Baujahr 1956. Das Museum wurde 1985 aus der Taufe gehoben. Der Unternehmer Siegfried Stotz suchte größere Räume für seine Oldtimer-Sammlung, und die Engstinger waren auf der Suche nach einer touristischen Attraktion, die ihrem hübschen Ort Besucher bescheren sollte. Das passte.

Jedes Jahr stellt die Zahl der automobilen Schönheiten – und der Zuschauer –, die am 3. Oktober zum traditionellen Oldtimer-, Roller- und Kleinwagentreffen kommen, neue Rekorde auf. Oldtimer aller Marken sind auf dem Festplatz am Automuseum zu bestaunen.

Adresse Automuseum Engstingen, Kleinengstinger Straße 2, 72829 Engstingen-Groß-engstingen, Tel. 07129/939934 | **Anfahrt** B 312 Honau–Bernloch, im Ort Engstingen den Schildern folgen | **ÖPNV** Bus Linie 400, Haltestelle Brauerei | **Öffnungszeiten** Sa, So und Feiertage 12–18 Uhr (Ostern–Ende Okt.), in Ferienzeiten Di–So 12–18 Uhr, www.automuseum-engstingen.de | **Tipp** Im Winter wandelt sich Engstingen zum Ski-Ort der Mittleren Alb. Der Kohltal-Lift bietet eine Abfahrt von immerhin 550 Metern Länge, der Weinberg-Lift immerhin 400 Meter. Langläufer finden in Kohlstetten drei gespurte Loipen. www.skilift-engstingen.de

28 Die Paradiestür

Ohne Funktion – nur schön

Die Paradiestür ist eine Tür, die sich weder öffnen noch schließen lässt. Eine Tür ohne Funktion also, die einfach nur schön und in voller Pracht in einem Seitenraum des Ausstellungsgebäudes der WMF AG steht.

Sechs Meter hoch, vier Meter breit und fast sechs Tonnen schwer ist das Prachtstück, ein Replikat (Zweitfassung) der Bronzetür am Baptisterium in Florenz. Das Original schuf der italienische Renaissancekünstler Lorenzo Ghiberti (1378–1455). Die Nachbildung des Kunstwerks fertigte die damalige Galvanoplastische Kunstanstalt der »Württembergischen Metallwarenfabrik« im Auftrag eines Stettiner Museums.

Über 2.000 Arbeitsstunden benötigten die Arbeiter für die kunsthandwerkliche Meisterleistung. Die zweiflügelige Tür zeigt auf zehn vergoldeten Bildtafeln biblische Szenen der Erschaffung des Menschen und seiner Vertreibung aus dem Paradies. 1913 wurde die in Geislingen gefertigte Tür nach Stettin ins Museum gebracht. Ein Jahr später stellte sich heraus, dass das Museum nicht bezahlen konnte.

Auch nach dem Ersten Weltkrieg besserte sich die finanzielle Lage des Museums nicht. Die WMF blieb jedoch am Ball, pardon: der Tür, und erklärte sich schließlich 1928 bereit, diese zurückzunehmen. Alle Versuche, die Kostbarkeit anderweitig zu verkaufen, schlugen jedoch fehl. Auch der kaufinteressierte Bischof von Bogotá erwies sich als nicht flüssig genug. Die Paradiestür blieb unverkäuflich und ein richtig schwerer Klotz am Bein.

Schließlich beschlossen die WMF-Manager, sie im neuen Ausstellungsgebäude aufzustellen. Hier erinnert sie nun an die 1890 gegründete und 1953 geschlossene Galvanoplastische Kunstanstalt, deren Meisterstück sie ist.

Wer die Paradiestür sehen möchte, meldet sich am Tor 1 am WMF-Werksgelände oder meldet sich zur Besichtigung an (Karin Fuchs).

Adresse Eberhardstraße, 73312 Geislingen an der Steige, Tel. 07331 / 251, www.wmf.de, Karin Fuchs, Tel. 07331/258337, karin.fuchs@wmf.de | **Anfahrt** von der B 10 den Wegweisern WMF folgen | **ÖPNV** vom Bahnhof Geislingen circa 5 Minuten Fußweg bis zum WMF-Haupteingang | **Öffnungszeiten** Mo–Fr 8.30–11.30 und 13.30–16 Uhr | **Tipp** Im Kunstkabinett in der Fischhalle finden Ausstellungen bildender Kunst zu herausragenden Produkten der WMF-Firmenhistorie statt, organisiert und kuratiert von jungen WMF-Mitarbeitern, www.fischhalle.wmf.de.

29 Das Steiff Museum
Hauptstadt der (Teddy-)Bären

Ein Zoo, dessen Tiere kein Futter bekommen? Bevor nun jemand nach dem Tierschutz ruft: Die Tiere im Steiff Streichelzoo brauchen keine Nahrung. Sie stehen allein zum Liebhaben und Streicheln im Museum und haben alle den berühmten Knopf im Ohr – denn nur dann sind sie »Original Steiff«.

Ihre Geschichte kennt die Welt, auch als Film: Margarete Steiff war seit frühester Kindheit gelähmt und musste ihren Lebensunterhalt selbst verdienen, also lernte sie nähen. In Giengen an der Brenz fertigte sie vor gut 130 Jahren ihren ersten Teddybären und begründete damit die Erfolgsgeschichte des heutigen Weltunternehmens. Steiff machte Giengen zur »Hauptstadt der Teddybären«.

Zum 125. Firmenjubiläum wurde in einem markanten ellipsenförmigen Rundbau auf dem Firmengelände das Steiff Museum eröffnet. Verteilt auf drei Ebenen, inszeniert es die Entwicklung der Marke. Besucher können erleben, wie Schritt für Schritt ein original Steiff Tier entsteht. Dabei sind aufwendige Handarbeit und viel Liebe zum Detail notwendig. Highlight für Kinder ist aber der erwähnte weltgrößte begehbare Streichelzoo. Über 2.000 Kuscheltiere haben auf einer Gesamtfläche von 2.400 Quadratmetern ein Zuhause gefunden, darunter lebensgroße Elefanten, Kamele und Esel, inszeniert inmitten einer orientalischen Palastkulisse. Wer will, kann auf Tigern reiten, exotische Dschungellandschaften erforschen, mit Gorillas kuscheln oder auf der längsten Plüsch-Rutsche der Welt in Form einer gigantischen Steiff Schlange direkt in den Urwald hineinrutschen.

Ergänzt wird das Steiff Museum vom Bistro Knopf mit »Margaretes Lieblingsteller« (Maultaschen, Fleischküchle, Kartoffelsalat, Kässpätzle) und dem größten Steiff Shop der Welt. Dort sind fast das gesamte Steiff Sortiment sowie Unikate wie der Jahresbär oder die Filz-Elefanten-Nachbildung aus dem Jahr 1880 erhältlich. Das Steiff Factory Outlet mit Artikeln in zweiter Wahl ist in ein Fachwerkhaus neben dem Museum umgezogen (Mo–So 10.30–18 Uhr).

Adresse Margarete-Steiff-Platz 1, 89537 Giengen an der Brenz, Tel. 07322 / 131500, www.steiff.de | **Anfahrt** A 7, Abfahrt Giengen / Brenz und den Teddybär-Schildern folgen | **ÖPNV** mit der Brenzbahn nach Giengen, Bahnhofstraße 350 Meter folgen, dann links abbiegen | **Öffnungszeiten** Mo−So 10−18 Uhr | **Tipp** Teddys Urahn, der riesige Höhlenbär, war in und um Giengen schon vor 35.000 Jahren zu Hause. Im Ortsteil Hürben kann man ihm und anderen Steinzeitgenossen in der Charlottenhöhle, der mit 587 Metern längsten begehbaren Tropfsteinhöhle der Schwäbischen Alb, nachspüren und das Erlebnismuseum HöhlenSchauLand an der Lonetalstraße 61 erkunden, www.baerenland.de.

30__ Die »Holzwurm-Meile«

Alt und neu am Straßenrand

An Wochenenden steppt in Gomadingen der Bär. Das liegt nicht mehr nur an den nahen Attraktionen in Lautertal und Marbach, sondern am »alten Glomb«. Rechts und links der Ortsdurchfahrt wird Altes und Antikes verkauft. Opas Eiche-Anrichte steht auf dem Trottoir, daneben ein Nachtschrank, ein Karussellpferd, bei dem der Lack blättert, Polsterstühle, deren beste Tage Jahrzehnte zurückliegen. Auf der Straßenseite gegenüber gibt es Waschtische, Spiegel, Wanduhren, Bilderrahmen und noch mehr Möbel: alt, antik, retro, vintage. Gomadingens »Holzwurm-Meile« bietet von allem etwas. Dabei bildet das Angebot auf den Trottoirs nur den Auftakt zu dem, was sich dahinter in Scheunen und im früheren Gasthaus Adler noch alles entdecken lässt.

Da Gomadingen als Luftkurort anerkannt ist, dürfen Ladengeschäfte von Ende März bis Oktober an Sonn- und Feiertagen öffnen. Die findigen Antik-Händler stellen daher an maximal 40 Tagen ihre Angebote auf die Uracher Straße, wenn auf der Alb besonders viele Touristen unterwegs sind. Und immer mehr von ihnen legen einen Stopp an der »Antik-Meile« ein.

Um »Nostalbie« mit Antikem aller Art und Deko-Artikeln für Haus, Hof und Garten geht es in einer Fabrikhalle am Ortseingang. Attraktion sind hier auch die nagelneuen Schäferwagen, individuell geschreinert nach historischem Vorbild. Jeder Wagen ist ein Unikat aus Hölzern von der Alb, mit zwei Fenstern, urigen Fensterläden und Innenausbau nach Wunsch: von Bett, Tisch und Bank bis TÜV-Zulassung, Solaranlage und WC. Das Grundmodell ist zwei Meter lang, wiegt bis zu 500 Kilo und kostet ab 2.800 Euro. Man sieht die Alb-Schäferwagen in Privatgärten, sie dienen Hotels als originelle zusätzliche »Zimmer« oder als mobile Unterkunft für Hühner, Schafe und Ziegen, sind Bienenhotel oder Verkaufswagen. Nicht zum Mitnehmen allerdings, die Wartezeit beträgt einige Monate.

Adresse Nostalbie, Inhaberin Karin Heine, Uracher Straße 23, 72532 Gomadingen, Tel. 07124/875, www.nostalbie.de | **Anfahrt** von Münsingen auf der L 230 bis Gomadingen, Uracher Straße | **ÖPNV** von Münsingen Bus 7606 | **Öffnungszeiten** März–Okt. Fr 14–18 Uhr, Sa, So 10–18 Uhr, Nov.–Ende März Fr 14–18 Uhr, Sa 10–16 Uhr | **Tipp** Spaziergang durch Gomadingens Ortsmitte; um die Kirche herum ist eine Handvoll Gebäude und Hofreiten sehr schön hergerichtet.

31_ Das Lagerhaus
Duftes Innenleben

Die Ernennung zum Biosphärengebiet hat auf der Mittleren Alb einiges ins Rollen gebracht. Gelder wurden bewilligt, und durch Förderprogramme ist eine Vielzahl an Initiativen entstanden, die das Image der Alb als Ausflugs- und Reiseziel verbessert haben. Neben den landschaftlichen Vorzügen gibt es dank engagierter Unternehmer immer wieder neue Gründe und Anlässe, um auf die Alb zu fahren.

Mit handfesten Taten und Investitionen war auch Eberhard Laepple von Anfang an dabei und hat einem ehemaligen Raiffeisen-Lagerhaus 2007 neues Leben eingehaucht. Im »Lagerhaus« verbindet er traditionelles Essen mit modernen Ideen, bittet mehrmals pro Monat zum »Querbeet-Menü« in 15 Gängen, bei dem die wichtigsten Gerichte und Produkte der Alb auf den Tisch kommen: von sauren Nierle über Linsen bis Musmehl.

Damit nicht genug. Das »Lagerhaus an der Lauter« wartet mit Seifenmanufaktur, Chocolaterie, Kaffeerösterei und Café auf. Inspiriert von dem in Frankreich verbreiteten Konzept der Laden-Cafés können Kunden hier Kaffee trinken, köstliche Kuchen genießen und im Gourmetmarkt Naturseifen, Pralinen, Schokoladen und Kaffee der Marke Lagerhaus kaufen sowie Seifensieder und Chocolatiers bei der Arbeit beobachten. Diese fertigen nach alten Handwerkstechniken und verbinden Schokoladentäfelchen mit regionalen Zutaten zu Duftschokoladen.

Trüffelpralinen werden mit Kräutern, Ziegenkäse oder Bier zu schokoladigen Köstlichkeiten. Auch die Zutaten für die Seifen stammen meist aus dem Biosphärengebiet der Alb, darunter Wacholder, Schlehe, Hagebutte, Essige, Weine und Rapsöl. Was man anderswo erst fertig verpackt zu Gesicht bekommt, kann man hier mit dem »Wir waren bei der Entstehung dabei«-Gefühl einkaufen. Der Erfolg sprengt immer wieder die Kapazitäten, daher befindet sich das Lagerhaus im ständigen Um- und Ausbau.

Adresse Lagerhaus an der Lauter, Lautertalstraße 65, 72532 Gomadingen-Dapfen, Tel. 07385 / 965825, www.lagerhaus-lauter.de | **Anfahrt** liegt direkt an der Lautertalstraße (L 249) von Gächingen nach Ehestetten zwischen Wasserstetten und Gomadingen | **Öffnungszeiten** Mi – Fr 14 – 19 Uhr, Sa 11.30 – 19 Uhr, So und Feiertage 9.30 – 19 Uhr | **Tipp** In der Galerie im Rathaus Gomadingen sind Ölbilder, Grafiken und Aquarelle des bekannten Landschaftsmalers Felix Hollenberg (1868 – 1945) ausgestellt mit Motiven aus der Umgebung und dem Großen Lautertal.

32 — Der Ostereiermarkt

Zerbrechliche Kunstwerke

Ostern ist bekanntlich nur einmal alle zwölf Monate. Doch die Dapfener Eierfrauen sind fast das gesamte Jahr über mit dem Thema beschäftigt. Schließlich müssen sie vor allem Tausende Wachteleier vorsichtig ausblasen. Bei den anderen Eierarten, 1.800 Enteneier, knapp 1.000 Gänseeier, 4.000 Hühnereier bis zum Straußenei, geht es schneller dank einer speziellen Nadel plus Kompressor. Dann noch Spülen und Trocknen, bevor das Bemalen und Verzieren mit unterschiedlichsten Techniken beginnen kann: Filzen, Umhäkeln, Bekleben, mit Lochmustern versehen und einiges mehr. Dann erst werden die fertigen Kunstwerke beim berühmten Ostereiermarkt in der Martinskirche zur Schau gestellt und verkauft. Vier Wochen lang geht es in dem beschaulichen Kirchlein dann zu wie beim Schlussverkauf, weil sich Besucher die schönsten Eier sichern möchten.

Da gibt es Kirchen-, Blumen-, Tier- und Naturmotive in Aquarellfarben, marmorierte »Sprucheier« mit der Jahreslosung oder die begehrten »Dapfener Brauchtumseier«. Diese beschriftet Ursula Bogner-Kühnle, Pfarrersfrau und Mitbegründerin des Dapfener Eierkultes, mit einem hauchdünnen Tuschestift in altdeutscher Schrift. Auf der Rückseite ist Platz für eine persönliche Widmung. Begehrt sind die komplett marmorierten einzelnen Eier in allen Farben des Regenbogens wie auch die Kränze. Letztere haben einen hohen symbolischen Wert: Gelten Eier als Sinnbild für das Leben, steht der Kranz für den Sieg.

Dass man in Dapfen auch der Ironie nicht ganz abhold ist, beweisen die »Spiegeleier«: Eine Hälfte ist marmoriert, die andere mit einem frommen Spruch beschriftet.

Filzeier und Filzhühner basteln die Kids in der Kinderkirche, dazu kommen Holzhasen und -hühner, die der einzige »Hahn im Korb« der Eierfrauen, der Schreiner Georg Ostertag, anfertigt.

Nicht versäumen: Führung über den Wasseralfinger Kreuzweg von Sieger Köder bei der Martinskirche Dapfen.

Adresse Evangelische Martinskirche, Kirchsteige 12, 72532 Gomadingen-Dapfen, Tel. 07385 / 1010, www.pfarramt-dapfen.de | **Anfahrt** L 249 (Lautertalstraße) von Gächingen nach Ehestetten zwischen Wasserstetten und Gomadingen, aus Marbach kommend, geht es zur Kirche scharf rechts den Berg hinauf | **ÖPNV** Bus 7606, Richtung Münsingen, Haltestelle Dapfen | **Öffnungszeiten** vier Wochen vor Ostern Mo–Fr 12–17 Uhr, Sa, So 11–17 Uhr | **Tipp** Eine einmalige Kollektion verzierter Ostereier präsentiert ganzjährig das erste deutsche Ostereimuseum an der Steigstraße 8 in Erpfingen, www.ostereimuseum.de.

33 Die Gedenkstätte Grafeneck

Vergangenheit ist nie vorbei

Wenn ein Regio-Krimi zur Pflichtlektüre Württemberger Schüler wird, muss er ein wichtiges Thema behandeln. So geschehen im Falle von »Grafeneck« von Reiner Gross, einem 200 Seiten langen Buch. Es ist nur vordergründig ein Krimi, der in den beschaulichen Alb-Gemeinden Buttenhausen, Hundersingen und Lautlingen spielt. Das Buch handelt vor allem von Schuld und der Bewältigung der unmenschlichen Verbrechen auf Grafeneck während der Nazi-Diktatur. Unweit der Euthanasieeinrichtung in Grafeneck ist Vergangenheit eben nie vorbei. Denn das auf einer Anhöhe über einem Seitental des Großen Lautertals gelegene Schloss hat traurige Berühmtheit erlangt. Im Nationalsozialismus fand hier die sogenannte »Aktion Gnadentod« statt. In einem Jahr wurden 10.654 behinderte Menschen umgebracht.

Zur Erinnerung an die Opfer entstand 50 Jahre später eine eindrucksvolle Gedenkstätte mit Dokumentationszentrum in Form einer offenen Kapelle. Ein Riss in ihrer Rückwand drückt den Schmerz über das Geschehene aus, Stahlträger über dem Altar symbolisieren eine Dornenkrone. Das Dach bildet ein Fünfeck und soll damit auf das fünfte Gebot verweisen: »Du sollst nicht töten.« Da nur ein Teil der Opfer namentlich bekannt ist, erinnert der Alphabet-Garten mit 26 in die Erde eingelassenen Granitquadern an alle Opfer von Grafeneck. Mittelpunkt des Dokumentationszentrums bildet die Ausstellung »Euthanasie-Verbrechen in Südwestdeutschland«. Grafeneck 1940 – Geschichte und Erinnerung. Unter den 15.000 Besuchern, die jedes Jahr hierherkommen, sind viele Schulklassen, die die Thematik anhand des Grafeneck-Krimis im Unterricht behandelt haben.

Heute befindet sich im Schloss und seinen Nebengebäuden das Samariterstift Grafeneck, in dem über 100 Menschen mit Behinderungen und psychischen Erkrankungen in Wohngruppen leben und eine Cafeteria für Besucher betreiben.

Adresse Grafeneck 3, 72532 Gomadingen-Grafeneck, Tel. 07385/966206, www.gedenkstaette-grafeneck.de | **Anfahrt** L 230 zwischen Offenhausen und Münsingen auf die L 230, von Marbach Richtung Münsingen dem Dolderbach folgen, nach 1 Kilometer rechts abbiegen und der Beschilderung Gedenkstätte Grafeneck folgen | **Öffnungszeiten** Mo–So 9–18 Uhr | **Tipp** Im nahen Buttenhausen erinnert im Alten Schulhaus eine ständige Ausstellung an die Buttenhausener Juden. Knapp die Hälfte aller Einwohner Buttenhausens war im 19. Jahrhundert jüdischen Glaubens, davon künden Synagoge, Rabbiner-Haus und Friedhof, www.buttenhausen.de.

34 Das Haupt- und Landgestüt Marbach

Der gute Geist Julmond

Marbach gilt als »Paradies für Pferdefreunde und Naturliebhaber«. Mit über 500-jähriger Tradition ist das Haupt- und Landgestüt Marbach nicht nur das älteste staatliche Gestüt Deutschlands, sondern sogar der älteste Staatsbetrieb Deutschlands überhaupt.

Die schwäbische Pferdebegeisterung kam im 19. Jahrhundert unter König Wilhelm auf. Er ließ Original-Araberhengste aus der Wüste einführen und züchten.

Eine der Aufgaben im Hauptgestüt Marbach war es, den schweren Altwürttemberger vom Arbeitspferd zum Allround-Sport- und Reitpferd umzuzüchten. Dass dies gelang, ist vor allem Trakehnerhengst Julmond zu verdanken.

Der spätere Wunderhengst war 1961 schon für den Weg zum Schlachter vorgemerkt, als der zähe Fuchs mit den intelligenten Augen und dem außergewöhnlichen Charme dem »Richtigen« auffiel, dem damaligen Gestütsdirektor. Obwohl Julmond erst im reifen Alter von 20 Pferdejahren nach Marbach kam, wurde er Stammvater und Stempelhengst der Warmblutpferdezucht des Gestüts. Als Julmond 1965 als 27-Jähriger an Herzversagen starb, wurde er bei den Stutenkoppeln begraben und ein Grabstein für ihn aufgestellt, der bis heute mit Blumen geschmückt wird. Die Erinnerung an ihn lebt weiter, auch im Namen des Kinderclubs »Julmonds Marbach«, mit weit über 500 Mitgliedern und einer eigenen Facebook-Seite.

Auf den drei Gestütshöfen in Marbach, Offenhausen und St. Johann mit ihren fast 1.000 Hektar Fläche stehen rund 550 Pferde: Warmbluthengste, Schwarzwälder Füchse und Vollblutaraber. Im Frühjahr und Sommer tummeln sich die Stuten mit ihren Fohlen auf den Koppeln. Hunderte Reit- und Kutsch-Fahrschüler nehmen jedes Jahr an den Kursen der Landesreit- und Landesfahrschule teil. Der »Gestütsradweg« ist sehr idyllisch.

Adresse Gestütshof 1, 72532 Gomadingen-Marbach, Tel. 07385 / 96950, www.gestuet-marbach.de | **Anfahrt** L 230 Engstingen – Münsingen, in Gomadingen auf die L 247 oder 249 nach Marbach abbiegen | **ÖPNV** Bus 7806, Haltestelle Gestütsmuseum | **Tipp** Im Gestütsmuseum in Offenhausen geht es um die Geschichte Marbachs und die Pferdezucht in Baden-Württemberg, außerdem historische Kutschen, Geschirren und Uniformen und das Skelett des Araberhengstes Bairactar, das Leibreitpferd von Wilhelm I. von Württemberg; Klosterhof, 72532 Gomadingen-Offenhausen, Tel. 07385/884, Di – Fr 14 – 17 Uhr, Sa 13 – 17 Uhr, So und Feiertage 11 – 17 Uhr.

35 Das Gomaringer Schloss

Wandern schärft die Sinne

Ein schwäbischer Pfarrer wurde für viele Generationen zum Vermittler der griechisch-römischen Sagen- und Götterwelt. »Die schönsten Sagen des klassischen Altertums« sind noch heute viel gelesene Lektüre. Ihr Autor, Gustav Schwab, ist zu Unrecht weithin in Vergessenheit geraten. Nicht aber in Gomaringen, jenem 1.800-Seelen-Ort, in dem Schwab (1792–1850) ab 1837 als Pfarrer tätig war und seinen Bestseller verfasste. Die Atmosphäre des Pfarrhauses im Gomaringer Schlösschen mag zum Wohlfühlen beigetragen haben, als er über sich schrieb: »… dass ich gewiss einer der zufriedensten und vergnügtesten Landpfarrer Württembergs bin …«

Der vielseitige Mann war Gymnasialprofessor, Verleger und Schriftsteller. So berühmt der »schaffige« Autor auch zu Lebzeiten war, von seinen Werken haben sich nur wenige im Gedächtnis der Nachwelt erhalten.

Kaum eine Gegend ist prädestinierter, sie zu erwandern, als die Schwäbische Alb, fand Gustav Schwab und beschrieb die Landschaft in Gedichten und Büchern. Geradezu schwärmerisch bringt er diese Liebe in seinen 1837 veröffentlichten »Wanderungen durch Schwaben« zum Ausdruck. Damals gab es weder ausgeschilderte Wege noch Kartenmaterial. Nach Erscheinen des Schwab'schen Buchs »Die Neckarseite der Schwäbischen Alb« dauerte es noch fast ein halbes Jahrhundert, bis das Wandern zur Volksbewegung wurde. Es hätte dem wanderfreudigen Pfarrer gefallen, heute als einer der – wenn auch indirekten – Gründerväter des Albvereins zu gelten. Die Gründung des Schwäbischen Albvereins im Jahr 1888 hat er nicht mehr erlebt. Der größte Wanderverein Europas betreut heute mit 570 Ortsgruppen ein Wegenetz von 25.000 Kilometern und 300 Kilometer Lehrpfade. Das Schloss erinnert mit einem kleinen Museum in seinem modernen Innenleben an den berühmten Bewohner, der auch als erster Alb-Fan unter den Reiseschriftstellern in die Geschichte einging.

Adresse Schlosshof 1, 72810 Gomaringen, Tel. 07072 / 07071 / 9155 und 912120 |
Anfahrt L 384 Mössingen-Reutlingen, weiter auf Hechinger Straße, zum Schloss abbiegen |
Öffnungszeiten So 13–17 Uhr; Gruppen nach Absprache, Tel. 07072 / 912120 | **Tipp**
Das benachbarte Nehren hat einen alten Ortskern mit stattlichen Fachwerkhäusern und
steht seit 2003 unter Denkmalschutz. Das älteste Bauwerk ist die 1275 erstmals urkundlich belegte St.-Veit-Kirche.

36__ Der Lemberg
Im Land der zehn Tausender

Wer auf der Schwäbischen Alb wirklich hoch hinauswill, kommt an ihrem südwestlichen Teil, der »Hohen Schwabenalb«, nicht vorbei. Es ist die Region der zehn Tausender, im Dreieck zwischen junger Donau und jungem Neckar. Westlich liegt der Schwarzwald, im Süden der Bodensee. Hier sind die Berge allesamt über 1.000 Meter hoch.

Zugegeben, der Lemberg ist nicht die Zugspitze, doch mit stolzen 1.015 Metern Höhe die höchste Erhebung der Schwäbischen Alb. »Spitze der Alb« nennt sich deshalb die Gemeinde Gosheim nicht zu Unrecht: Vom dortigen »Lembergparkplatz« kann man seinen Gipfel in knapp 20 Minuten erobern.

Wie viele Berge der Region ist der Lemberg ein Zeugenberg, also ein Einzelberg, der durch Erosion vom umliegenden Gestein abgetrennt wurde. Seit 1899 steht dort der stählerne Lembergturm. Er ist als einziger unter allen 23 Aussichtstürmen des Albvereins in Stahlskelettbauweise errichtet, aus 23 Tonnen Eisen. Man nennt den stählernen Aussichtsturm auch den »Eiffelturm von Gosheim«.

Genau diese Offenheit ist aber nicht jedermanns Sache: Man steigt förmlich durch die Luft nach oben. Bereits bei leichtem Wind gerät der Turm ins Schwanken. 152 Treppenstufen, verteilt auf zwölf Stockwerke, sind es bis zur Aussichtsplattform in 30 Metern Höhe. Inklusive Fahnenstange misst der Turm sogar 34 Meter. Flattert dort die Deutschlandfahne, sind die Hüttenwirte zugegen (Infos: lemberghuette.de). Dann gibt's in der früheren Schutzhütte »Heiße Rote«, Bratwurst und Getränke. Die Sicht reicht an klaren Tagen bis zu den Alpen. Im Westen erstreckt sich bereits der Schwarzwald mit seinen höchsten Punkten Feldberg und Hornisgrinde.

Zu den zehn Tausendern zählen auch Hochberg (1.009 Meter), Oberhohenberg (1.011 Meter), Wandbühl (1.007 Meter), Montschenloch (1.004 Meter), Rainen (1.006 Meter), Bol (1.002 Meter), Hummelsberg (1.002 Meter), Hochwald (1.002 Meter) und Kehlen (1.001 Meter).

Adresse 78559 Gosheim | **Anfahrt** von der L 433 oder der L 434 von der Lembergstraße auf die K 5905, zwischen Gosheim und Wellendingen-Wilflingen liegt der Lemberg-Parkplatz am Fuß des Lembergs | **ÖPNV** Bus 38, Haltestelle Wilflingen | **Tipp** Am Lemberg führen allein drei Europäische Fernwanderwege vorbei. Eine eigens präparierte, 17 Kilometer lange »Route der 10 Tausender« verbindet die hohen Schwaben-Berge, www.region-der-zehn-tausender.de.

37 — Das Arboretum im Florianwald

Exotenwald im Schwabenland

Seit Jahrzehnten wächst zwischen Metzingen und Grafenberg ein exotischer Zauberwald heran, und kaum einer weiß es. Viele Jahre fehlten Hinweisschilder, um auf den Ort aufmerksam zu machen. Dieser Missstand ist inzwischen behoben, trotzdem ist das Arboretum noch ein Geheimtipp.

Man muss gar nicht weit reisen, um die Bäume Amerikas oder Asiens zu erleben. Diese Kostbarkeit für Waldfans ist ein Arboretum, ein angelegter Wald aus Bäumen und Sträuchern, die nicht heimisch sind. Also lauter »auswärtige« oder »neigschmeckte« Baumarten.

Erwachsen sind die Exotenbäume aus ursprünglich 92 Samenproben, die die Deutsche Dendrologische Gesellschaft (Dendrologie = Erforschung von Bäumen und Gehölzen) der Königlich Württembergischen Forstdirektion anno 1912 geschenkt hat. Sie sind heute die Attraktion im Florianwald, der nach dem Grafenberger Hausberg benannt wurde. Die höchsten Bäume sind inzwischen weit über 40 Meter hoch. Ihre Vielfalt hat sich auf circa 140 verschiedene Arten aus neun verschiedenen Klimabereichen der Welt vergrößert.

Auf verschlungenen Wegen lässt sich dieser fremdartige Märchenwald entdecken. Am Eingang zum Arboretum steht eine Infotafel mit detaillierter Wegbeschreibung; in einem Kasten stecken – nicht immer – Faltblätter zum Mitnehmen, als Wegweiser zu den Exoten. Im Wald selbst sind weitere gut lesbare Tafeln aufgestellt. An Laubbäumen aus aller Welt und einem Jägersitz vorbei geht es zu einem besonders mächtigen Redwood aus Nordamerika. Ein bisschen Unterhaltung unterwegs bietet eine Baumscheibe, deren Jahresringe auf ihr Alter schließen lassen. Entdecken lassen sich sibirische und japanische Sorten bis hin nach Nord- und Mittelamerika. Es gibt ein altes und ein neues Arboretum, durch das man hindurchwandern kann. Der Park wird ständig ausgedehnt und ist exakt beschildert.

Adresse Florianwald, 72661 Grafenberg, Tel. 07381/93977321 (Kreisforstamt Münsingen) | **Anfahrt** L313 von Nürtingen in Richtung Metzingen bis Grafenberg, dann der K1260 in Richtung Kohlberg bis »Waldparkplatz« folgen | **Öffnungszeiten** ganzjährig zugänglich, kein Eintritt | **Tipp** Grafenberg liegt im Ermstal, dessen ausgedehnte Streuobstwiesen mit Hunderttausenden Obstbäumen sich im Frühling in ein Blütenmeer verwandeln. Man kann das Tal zu Fuß oder auf dem Ermstal-Obst-Radweg erkunden, www.ermstalradweg.de.

38 — Das Feng-Shui-Rasthaus
Wo Energie und Verkehr fließen

Eine Raststätte an der Autobahn ist nicht unbedingt ein Ort, den man gezielt ansteuert. Man fährt lieber vorbei, »sofern man nicht muss«. In Gruibingen an der A 8 von Stuttgart Richtung Ulm ist alles anders. Dort fließt nicht nur der Verkehr, sondern auch das Chi, die Lebensenergie. Harmonie wohin man schaut. Wie das? Die Raststätte ist nach den Prinzipien der 3.000 Jahre alten chinesischen Philosophie des Feng-Shui erbaut.

Seit ihrer Eröffnung sind Wind und Wasser (dafür steht Feng-Shui) in der Raststätte in Harmonie vereint. Das beginnt beim Gebäude mit seinem sanft gewellten Dach, das auf Rat der Feng-Shui-Expertin schräg zur A 8 gebaut wurde. Dieser »kosmisch günstige Winkel« soll das Gasthaus vor Energiewirbeln vorbeirasender Autos bewahren. Eingebettet ist die »Energietankstelle« in großzügige Grünflächen mit Bachlauf.

»Positive Energie« sammelt sich auf dem Vorplatz, fließt durch den geschwungenen Eingangsbereich hinein und durchströmt somit das gesamte Gebäude, vorbei an Baumstämmen, Pflanzen und der Kaffeebar in Form eines Schmetterlings (= Sinnbild für Wiedergeburt). Der plätschernde Brunnen im Patio soll als »Chi-Insel« die Vitalenergie der Besucher auffrischen. Das scheint zu gelingen, vielen ist der Patio der schönste Ort dieser Raststätte der Besonderheiten. Wände sind himmelblau und zitronengelb, es dominieren Holz und Glas. Ecken, Kanten und gerade Linien sind abgerundet, sie würden das Fließen des Chi behindern. Was auch immer erneuert wird, geschieht in Abstimmung mit der Feng-Shui-Expertin.

Das Bemühen um Harmonie reicht bis zum Speisenangebot. Alles ist frisch gekocht, seien es die Spätzlepfannen, mehrere Biogerichte, Rindergulasch, Schweinebraten, Salate oder die unverzichtbaren Schnitzel mit Pommes. Feng-Shui-inspirierte Windspiele, Duftöle und Mobiles bereichern das Shop-Sortiment dieser besonderen Autobahn-Raststätte.

Adresse Rasthof Gruibingen-Süd, an der A 8 Stuttgart – München, 73344 Gruibingen, Tel. 07335/5015, www.fengshuirasthaus.de | **Anfahrt** A 8 Stuttgart – München, Ausfahrt Rasthof Gruibingen-Süd | **Öffnungszeiten** täglich 0–24 Uhr | **Tipp** Spaziergang (30 Minuten) vom Rasthaus auf den knapp 800 Meter hohen »Boßler« mit tollem Blick in die Tiefebene bis Kirchheim/Teck, zum Stuttgarter Fernsehturm und auf die Stauferberge.

39 __Der Schwanen (Atom-)Keller

Beinahe-Kernspaltung im Eiskeller

Ein Gasthaus hat viele Seiten, gastliche und historische. Wie der Schwanen in Haigerloch. Das Haus am Marktplatz war und ist Schauplatz einer wundersamen Geschichten, die den Ort kurzzeitig auf die Weltbühne katapultierte.

Im Felsenkeller, wo der Schwanen-Wirt früher sein Stangeneis lagerte, entstand 1944 ein Atom-Forschungsreaktor des aus Berlin ins Schwäbische ausgelagerten Kaiser-Wilhelm-Institutes für Physik. Getarnt als »Höhlenforschungsstelle« sollte hier die Kettenreaktion im Uranreaktor in Gang kommen. Das wurde zwar nicht erreicht, doch ein Jahr lang war Haigerloch Zentrum der Atom-Elite, und der Schwanen-Wirt machte mit der Vermietung von Zimmern an die hochkarätigen Forscher das Geschäft seines Lebens. Heute sind dort eine originalgetreue Rekonstruktion des Reaktors und Experimentiertisches von Otto Hahn zu sehen.

Wegen der Luftangriffe auf Berlin wurde als Ausweichstandort ein Gebiet gesucht, das noch relativ sicher war. Professor Gerlach, der in Tübingen studiert hatte, schlug die Gegend um Hechingen und Haigerloch vor. Zufällig entdeckten die Wissenschaftler den Schwanen-Bierkeller und mieteten ihn an. In einer abenteuerlichen Fahrt wurden Uran und schweres Wasser von Berlin nach Haigerloch überführt. Ende März 1945 begannen die Versuche.

Doch statt Endsieg kam die Kapitulation. Obwohl in der französischen Zone gelegen, kam eine amerikanische Spezialeinheit, nahm die Wissenschaftler gefangen und demontierte die Einrichtungen. Als die Amis auch noch den Keller sprengen wollten, sah der damalige Stadtpfarrer die barocke Schlosskirche direkt über dem Keller in Gefahr. Seine Intervention war erfolgreich, die Amerikaner beschränkten sich auf kleinere Sprengungen. Die Kirche blieb heil.
Eine Ausstellung über Leben und Wirken des berühmten Physikers Werner Heisenberg ist als Dauerausstellung in der Ölmühle, direkt neben dem Atomkellermuseum, zu sehen.

Adresse Atomkeller-Museum Haigerloch, Pfluggasse 5, 72401 Haigerloch, Tel. 07474/69727, www.haigerloch.de/de/Tourismus/Atomkellermuseum | **Anfahrt** unterhalb der Schlosskirche beim Marktplatz | **Öffnungszeiten** Mo–Sa 10–12 und 14–17 Uhr, So und Feiertage 10–17 Uhr (Mai–Sept.), Sa 10–12 und 14–17 Uhr, So und Feiertage 10–17 Uhr (März, April, Okt., Nov.), geschlossen Dez.–Feb., www.haigerloch.de/stadt/atomkeller.htm | **Tipp** Im Altarraum der evangelischen Abendmahlskirche in Haigerloch kann man die weltweit einzige Nachbildung des berühmten Abendmahls von Leonardo da Vinci in Originalgröße bewundern, gemalt 1952/53.

40_ Der Hohenkarpfen

Ein Berg für alle Sinne

Der Berg mit der pittoresken Kegelform bringt es auf 912 Meter und ist Zeuge davon, dass die Albhochfläche einst bis hier reichte. Wasser und Wind haben über Millionen Jahre hinweg Gelände abgetragen, übrig blieben sogenannte Zeugenberge. Der Hohenkarpfen mit seiner grünen Kuppe aus Bäumen und Büschen ist einer davon. Und da einst an seinem Fuß die heilige Verena Heilwasser verkaufte, kam der Ort zu seinem ungewöhnlichen Ortsnamen. Die Quelle ist längst versiegt, doch in der 300 Jahre alten Meierei auf halber Höhe herrscht reges Leben.

Ohne den Trossinger Unternehmer Günther Ritzi wäre der Besitz wohl zerschlagen worden. Der alte Bergbauer wollte nicht mehr und klagte seinem Freund Ritzi sein Leid. Der kaufte 1973 kurzerhand Berg, Hofgut und 75 Hektar Land. Heute steht auf den Trümmern der 1643 zerstörten Ritterburg Hohenkarpfen ein sorgsam restauriertes Fachwerkensemble, garniert mit modernem Interieur und Kunst, wohin man schaut.

Guter Geist ist seine Tochter, Susanne Ritzi-Mathé, die das denkmalgeschützte Anwesen mit Restaurant und Hotel leitet und eine Kunststiftung ins Leben gerufen hat. Diese macht mit anspruchsvollen Ausstellungen von sich reden und stellt großformatige Skulpturen zeitgenössischer Künstler, allesamt Stipendiaten der Stiftung Hohenkarpfen, auf dem weitläufigen Gelände aus. Der Hohenkarpfen ist ein Gesamtkunstwerk.

Im einstigen Bauernhof wurde 1978 zunächst das Restaurant eröffnet. Später wurde die Scheune zum Hotel mit 21 Zimmern ausgebaut und das denkmalgeschützte Anwesen peu à peu zum attraktiven Veranstaltungsort. Fachwerk und modernes Design prägen das Ambiente im Restaurant und auf der Lavendel-Terrasse. Der Postkartenblick über die Schwäbische Alb, die Baar und das Donaubergland ist grandios. Mit bald 50 Hochzeiten jährlich ist der Hohenkarpfen eine beliebte Hochburg für den Start ins Eheglück – und ein besonderes Ausflugsziel.

Adresse Hotel Hofgut Hohenkarpfen, Hohenkarpfen 1, 78595 Hausen ob Verena,
Tel. 07424/9450, www.hohenkarpfen.de | **Anfahrt** von A 81 Stuttgart – Singen,
Ausfahrt Tuningen, dann Richtung Spaichingen, Schura, Gunningen, Hausen ob Verena |
ÖPNV vom Bahnhof Spaichingen mit dem Bus nach Hausen ob Verena und 20 Minuten
Fußweg | **Tipp** Das Kunstmuseum Hohenkarpfen besteht seit 1986 als regionales
Museum, mehrere Wechselausstellungen widmen sich der Kunst des 19. und 20. Jahr-
hunderts im deutschen Südwesten. Öffnungszeiten Ende März – Nov. Mi – So und
Feiertage 13.30 – 18.30 Uhr, www.kunststiftung-hohenkarpfen.de

41 Das bunte Haus

Bayer mag's mit Farbe

Damit hatte Georg Bayer nicht gerechnet, als er sein Haus in Hayingen im Herbst 2016 in Rot, Gelb und Orange bemalte: Die Kommune stellte sich quer, die leuchtenden Farben passten nicht zum Stadtbild, er solle eine unauffälligere Farbe drüberstreichen. Doch der als »Schorsch« bekannte Hausbesitzer dachte nicht daran. Zwar seien die Farben »a bissle« intensiver ausgefallen als beim Testanstrich, doch sie seien »sonnig, fröhlich, auffallend« wie er sie haben wollte.

Bayer legte Widerspruch ein und war bereit, sein Recht auf eine persönliche Hausfarbe durch alle Instanzen bis vor den Europäischen Gerichtshof zu vertreten. Die bunte Affäre schlug hohe Wellen, deren Ausmaß den Mann mit dem Faible für knallige Farben selbst überrascht hat. Nach Berichten in Presse, Funk und TV bestärkten ihn wildfremde Menschen in Mails und Briefen weiterzumachen und sich »nicht alles gefallen zu lassen«. Nach langem Hin und Her ging der »Kampf« Georg Bayer vs. Hayingen besser aus als einst bei Don Quijote: Schorschs Haus darf bunt bleiben.

Bayers Haus hat vis-à-vis von Kirche und Rathaus einen prominenten Standort und dürfte den Stadtoberen dauerhaft eine Art Stichflamme im Auge sein. Dabei ist sein buntes Haus keineswegs allein. Ein paar Straßen weiter steht ein quietschgrünes Haus, im Nachbarort Pfronstetten ein auffällig schieferschwarzes. Farben, an denen sich wohl nur Nachbarn stören, die Bewohner hinter den bunten Fassaden schauen ja aus ihrem Farbenhaus hinaus.

Mancher Hayinger Stadtobere wünschte sich wohl nach Ägypten. Dort verbot man kürzlich die unverputzten Rotziegelbauten und legte eine einheitliche Farbgebung »zur Förderung der urbanen Harmonie« fest. Andere Länder, gleiche Probleme. Als Beyer zum Pinsel griff, hatte Hayingen keine Altstadtsatzung mit Farbvorgaben. »Inzwischen schon«, sagt der schwäbische Rebell, dem es zu danken ist, dass es auf der Alb bunter zugeht.

Adresse Buntes Haus, Georg Bayer, Kirchstraße 13, 72534 Hayingen, Tel. 07386/9755393, www.bmwbayer.de | **Anreise** aus Süden über L 245 oder L 249 kommend von der Markstraße Richtung Kirche | **ÖPNV** Bus 7607 Reutlingen-Riedlingen bis Hayingen | **Öffnungszeiten** jederzeit von außen zu besichtigen | **Tipp** Ferien auf dem Bauernhof sind besonders nett bei Familie Brunner. Der Kühlschrank in ihren Ferienwohnungen oder dem urgemütlichen Radwanderhäusle werden zur Ankunft mit Albmilch, Eiern, Albkäse, Wurst, Marmelade und mehr bestückt. Münzdorf liegt inmitten von Wiesen und Wäldern oberhalb des Lautertals. www.hof-brunner.de

42 Die Wimsener Höhle

Höhlen-Stollen und der Dicke Friedrich

Die einzige »aktive« und mit dem Boot befahrbare Wasserhöhle Deutschlands ist eine der Hauptattraktionen des Geoparks Schwäbische Alb. Eine Säule im Alb-Tourismus war sie bereits vor über 200 Jahren. Damals, 1803, stieg der spätere König Friedrich I. in den Nachen, um die Höhle zu erkunden. Seither ist sie nach dem Herrscher benannt, den man ob seiner Leibesfülle auch »Dicker Friedrich« nannte. Eigentümer von Höhle und dem nahen Schloss Ehrenfels war Philipp Christian von Normann-Ehrenfels (1756–1817), ein verdienter Minister unter Friedrich. Er hatte 1805 beim französischen Außenminister Talleyrand die Königswürde für seinen Dienstherrn ausgehandelt und als Dank den Grafentitel, Höhle und Schloss erhalten. Reicher Lohn für gute Arbeit.

So richtig durchgesetzt hat sich der Name Friedrichshöhle indes nicht. Eins aber steht fest: Sie ist die tiefste mit einem Boot schiffbare Unterwasserhöhle Deutschlands. Zur Besichtigung steigt man in einen flachen Nachen (Boot) und gleitet durch die Felsöffnung.

Über 700 Meter der Wimsener Höhle sind mittlerweile erforscht, doch bereits 70 Meter hinter dem Eingang senkt sich die Decke bis zur Wasserfläche hinunter. Dahinter kann die Höhle nur noch von Profi-Tauchern erkundet werden. Teilweise vermessen war sie schon 1910, doch erst nach 1959 gelang es, einen ersten Siphon zu durchtauchen und weitere Erkundungen und Messungen vorzunehmen. Auf den Spuren des bekannten Höhlentauchers Jochen Hasenmayer haben Mitglieder der Forschungsgruppe Ost-Alb / Kirchheim in den letzten Jahren die Höhle weiter erkundet. Ihr Auftraggeber ist der heutige Eigentümer Roland Freiherr von Saint-André, ein Nachfahre des Grafen Normann. Dabei fanden sich Spuren menschlicher Besiedlung aus Vor- und Frühzeit, darunter ein Skelett und Tongefäße. Einige Stücke sind im kleinen Museum gegenüber in der Wimsener Mühle ausgestellt. Forellen und Biogerichte schmecken auf der Forellenterrasse des Gasthofs Friedrichshöhle nebenan.

Plaque text: GRATA TIBI PRÆSENS NOMEN MEA NYMPHA SALUTAT
LÆTIOR UNDA TIBI NUNC FRIDERICE FLUIT
MDCCCIII AUG FF NORMANN

Sign: Zutritt zum Steg und Boot nur nach Aufforderung

Adresse Wimsen 1, 72534 Hayingen, Tel. 07373/915260, www.tress-gastronomie.de/wimsener-hoehle | **Anfahrt** B 312 bis Zwiefalten, die Höhle liegt an der L 245 Richtung Hayingen | **ÖPNV** Bus 342, Haltestelle Wimsener Höhle | **Öffnungszeiten** April–Nov. Mo–So 10–18 Uhr | **Tipp** Der weithin bekannte Bäcker BeckaBeck aus Bad Urach nutzt das feuchte Klima der Wimsener Höhle alljährlich zur Reifung von 1.000 Butterstollen, die er als Original Wimsener Höhlenstollen verkauft. Die Ein- und Ausschiffung der Christstollen ist jedes Mal ein kleines Fest.

43__Das Biohotel-Restaurant Rose

Gastronomische Großfamilie

Jahrzehntelang wurden sie wegen ihrer »Körnerwirtschaft« ausgelacht. Das biologisch-dynamische Gedankengut, das Großvater Johannes Tress aus französischer Kriegsgefangenschaft ins heimatliche Ehestetten mitbrachte, stieß dort anno 1950 auf wenig Verständnis. Nichtsdestotrotz betreibt die Familie Tress seit damals Landwirtschaft nach Demeter-Richtlinien. Als erster Hof weit und breit. Folgerichtig wurde später ihr Gasthaus das erste Biohotel Baden-Württembergs. Geheizt wird mit Holzschnitzeln, der Ökostrom stammt aus Wasserenergie. In der Wellnessabteilung kommt zertifizierte Biokosmetik zum Einsatz, und die Zutaten der Küche stammen von Demeter- und Bioland-Betrieben der Region. Da Bioprodukte von der Schwäbischen Alb den Tress' mehr als nur am Herzen liegen, verkaufen sie hausgemachte Suppen, Salate und Bratlinge und das Beste von der Alb im Einzelhandel und übers Internet. Das Sortiment umfasst alles, was nach Region schmeckt und auf der Alb mit Leidenschaft und Können angerichtet wird.

Die »Rose« ist ein gastronomisches Familienunternehmen, in dem jedes Mitglied seinen Platz hat. Die Familie, das sind Inge Tress und ihre vier Söhne, nicht zu vergessen der legendäre Kartoffelsalat nach dem Rezept von Oma Josefine. Am Herd steht Simon Tress. Der ehemalige Teamkapitän der Jugendnationalmannschaft der Köche hat nach Lehrjahren in der Spitzengastronomie die Küche übernommen. Bruder Daniel leitet das Ausflugsziel »Wimsener Höhle« (siehe Seite 92) und organisiert Events auf Schloss Ehrenfels. Christian und Dominik sind zuständig für Administration und Finanzen, während Stefanie Tress mit Schwiegermutter Inge Tress Hotel und Restaurant schmeißt.

Heute ist Bio »in«, und die (Bio-)Lage im Dorf hat sich entspannt. In Stuttgart amtiert ein grüner Ministerpräsident, und auf der Alb wirtschaften immer mehr Erzeuger ökologisch-nachhaltig.

Adresse Aichelauer Straße 6, 72534 Hayingen-Ehestetten, Tel. 07383 / 94980, www.biohotel-rose.de | **Anfahrt** an der L 249 Ehestetten – Lauterach, im Ort Richtung Aichelau fahren | **ÖPNV** Bahnhof Riedlingen (22 Kilometer entfernt), von dort Abholung durchs Hotel | **Tipp** Mundarttheater und in jeder Saison auch ein Märchen locken Zuschauer nach Hayingen ins Naturtheater, das 1947 zum 700-jährigen Stadtjubiläum gegründet wurde. Seither haben über eine Million Zuschauer Theater unter freiem Himmel genossen, www.naturtheater-hayingen.de.

44 Die Villa Eugenia

Glanz, Geld und gute Taten

Viele Hechinger sind stolz darauf, dass ihr kleines Fürstentum Hohenzollern-Hechingen bis weit ins 19. Jahrhundert selbstständig geblieben war. Von der fürstlichen Zeit kündet vor allem der Fürstengarten mit der Villa Eugenia. Sie war Residenz des letzten Hechinger Fürstenpaars Konstantin und seiner Gemahlin Eugénie. Die beiden galten als Traumpaar der Epoche: Fürst Konstantin war einer der großen Musikmäzene seiner Zeit, seine Eugénie, die Stiefenkelin von Napoleon I., gehört wegen ihrer außergewöhnlichen Nächstenliebe zu den lichtvollsten Gestalten der Hechinger Herrscher.

Die Fürstin tat sich mit wohltätigen Stiftungen hervor und hinterließ den »lieben Hechingern« ein großzügiges Legat für soziale Zwecke. Unter dem Paar erblühte das Fürstentum zum kulturellen Zentrum Süddeutschlands. Viele berühmte Persönlichkeiten waren zu Gast, die Kaiserin von Brasilien, der spätere Kaiser Napoleon III. und Komponisten wie Berlioz und Liszt. Mit finanziellen Mitteln aus Eugénies Erbe ließ das Fürstenpaar die Villa Eugenia im klassizistischen Stil ausbauen und den heutigen Fürstengarten anlegen.

Nach 1850 durchlebte die Villa eine wechselvolle Geschichte. Der letzte Fürst Konstantin zog sich nach der 1848er Revolution gedemütigt und zornig auf seine schlesischen Besitztümer zurück. Sein Fürstentum fiel Preußen zu. Die Villa übereignete er seinen fürstlichen Verwandten, der Familie Hohenzollern-Sigmaringen, aus deren Besitz die Stadt Hechingen sie 1995 erwarb.

Pläne, die Villa Eugenia in private Hände zu geben, scheiterten am Widerstand der Bevölkerung. Ein 2001 gegründeter Förderverein sanierte das heruntergekommene Gebäude mit öffentlichen Mitteln. 2007 eröffnete die restaurierte Villa als Kultur- und Tagungsstätte für Ausstellungen, Konzerte, Veranstaltungen und private Feiern. Dank einer Dependance des Standesamts in den historischen Festräumen hat sich die Zahl der in Hechingen seither geschlossenen Ehen mehr als verdoppelt.

Adresse Zollernstraße 10, 72379 Hechingen, Tel. 07471 / 702490, www.villa-eugenia.de |
Anfahrt B 27 Mössingen – Balingen bis Hechingen-Mitte, dann auf die K 7108 (heißt
innerorts Zollernstraße) | **ÖPNV** Bus 9, 10 und 301, 302 bis Haltestelle Obertorplatz
West und 5 Minuten Fußweg (ausgeschildert) | **Öffnungszeiten** Sa 15 – 17 Uhr (Galerie),
So 14 – 17 Uhr (Galerie, Kaffee und Kuchen) | **Tipp** Die Villa Rustica im Hechinger Orts-
teil Stein wurde 1976 entdeckt, aufwendig rekonstruiert und ist jetzt ein sehenswertes Rö-
misches Freilichtmuseum, www.villa-rustica.de.

45 Kunstmuseum Heidenheim
Picasso im Pool

Vom Schwimmbad zum Kunstmuseum: Diese Karriere war dem schmucken Jugendstilbau nicht vorgezeichnet, als er anno 1904 als Volksbad der Stadt Heidenheim eröffnet wurde. Baden geht hier aber schon lange niemand mehr. Im Entree zahlen Besucher an der »Kasse & Waschabgabe« Eintritt, bevor sie in wechselnde Ausstellungen von Gegenwartskunst und Kunst des 20. Jahrhunderts eintauchen.

Wo früher »tout« Heidenheim das Schwimmen lernte, ist heute die Picasso Plakate- und Druckgraphiksammlung das Highlight. Sie umfasst sämtliche vom Künstler selbst geschaffenen Plakate (50 Werke) und motivisch verwandte Druckgraphiken. Die größte Sammlung ihrer Art zeigt eine repräsentative Auswahl, wobei die kraftvoll bunten Stierkampf- und die Friedensmotive mit der berühmten weißen Taube von 1948 zu den herausragenden und bekanntesten Exponaten gehören. Die Plakatesammlung wird alle paar Jahre im Tausch mit anderen Ausstellungen ausgeliehen; es könnte also passieren, dass die Picassos bei einem Besuch gerade auf Reisen sind. Dann sorgen Wander- und Wechselausstellungen für Abwechslung.

Das Jugendstilentree mit Treppenhaus ist herrlich restauriert. Wer die Stufen hinaufschreitet, kann Details der Dekoration bewundern. Hinter der Kasse befindet sich ein gut sortierter Museumsshop mit allerlei Krimskrams und Ausstellungskatalogen, aber auch Ausstellungsplakaten sowie jeder Menge Bücher über und Poster von Werken von Picasso.

Ein Kontrastprogramm bietet Heidenheims weithin sichtbares Schloss Hellenstein. Es thront als Wahrzeichen 74 Meter über der Stadt auf dem Hellensteinfelsen. Die Ruinen der einstigen Stauferburg bilden den einmaligen Rahmen für die Heidenheimer Opernfestspiele. Außerdem lässt sich hier im Museum, anhand von Kutschen, Chaisen und Karren, die südwestdeutsche Verkehrsentwicklung der letzten 200 Jahre studieren.

Adresse Marienstraße 4, 89518 Heidenheim an der Brenz, Tel. 07321 / 3274810, www.kunstmuseum-heidenheim.de | **Anfahrt** A 7 Würzburg – Ulm, Ausfahrt Heidenheim, innerorts der Beschilderung Bahnhof folgen | **ÖPNV** Das Museum liegt 300 Meter vom Bahnhof entfernt. | **Öffnungszeiten** Do – Di 11 – 17 Uhr, Mi 13 – 19 Uhr | **Tipp** Gehen Sie auf Schatzsuche auf Burg Katzenstein bei Dischingen (von Heidenheim über die B 466 zu erreichen). Der Sage nach sollen dort zwölf mit Gold und Edelsteinen gefüllte Truhen vergraben sein, die der Burggeist Baldrian bewacht, www.burgkatzenstein.de.

46 Die Heuneburg

Kelten-Großstadt Pyrene

Was heute eine Hauptstadt wie Berlin ist, mag in der älteren Eisen-zeit die Heuneburg gewesen sein: ein keltischer Zentralort. Zwischen 620 und 480 vor Christus lag dort ein frühkeltischer Fürsten-sitz, ein bedeutendes Siedlungs-, Wirtschafts- und Machtzentrum. Ausgrabungsfunde lassen keinen Zweifel daran, dass die Heuneburg die älteste Stadt nördlich der Alpen sein dürfte. Sie gilt als einer der Entstehungsorte keltischer Kunst und Kultur im süddeutschen Raum.

Im Freilichtmuseum lebt die Welt der Kelten in der einstigen Kel-tenstadt Pyrene auf, in der zu ihrer Blütezeit etwa 5.000 Menschen lebten. Ihre räumliche Ausdehnung und die Monumentalität der Bauwerke erschließt sich auf Schritt und Tritt. Majestätisch auf ei-nem Hochplateau über der Donau gelegen, umgab den Fürstensitz eine Wehrmauer aus luftgetrockneten Lehmziegeln, diesseits der Al-pen einzigartig und eines der frühesten Beispiele für Architektur und Bauplanung hierzulande. Das Anwesen mit Werkstatt, Speicher und Wohnhäusern wurde so weit wie möglich detailgetreu rekonstruiert. Als Bauholz fanden hauptsächlich Eiche, Buche und Weißtanne Verwendung, die Böden bestanden aus gestampftem Lehm.

Die Kelten lebten auf der Heuneburg vor allem vom Handwerk und weitverzweigten Handelsbeziehungen mit Nachbarvölkern. Ge-funden wurden Weinamphoren aus Marseille, Bernstein von der Ostsee, Schmuck aus Slowenien und griechische Keramik. Sie sind im Heuneburgmuseum (zwei Kilometer entfernt) ausgestellt und ge-ben Einblicke ins Alltagsleben jener Epoche. Ein archäologischer Wanderweg verbindet beide Museen und führt zu den Bodendenk-malen in der Umgebung der Heuneburg mit ihrer Vielzahl vorge-schichtlicher Funde und Ausgrabungen. Im Dezember 2010 wurde auf einem Acker ein gut 80 Tonnen schweres Fürstinnengrab ge-borgen. Gut 2.600 Jahre lang blieb es unentdeckt und auch von Grabräubern verschont.

Adresse Freilichtmuseum Heuneburg – Keltenstadt Pyrene, zwischen Hundersingen und Binzwangen, 88518 Herbertingen-Hundersingen, Tel. 07586 / 8959405, www.heuneburg-keltenstadt.de | **Anfahrt** von B 311 (Ulm – Donaueschingen) und B 32 (Ravensburg – Hechingen) den Schildern Heuneburg folgen, durch Hundersingen in Richtung Binzwangen, 2 Kilometer bis zum Parkplatz der Heuneburg | **Öffnungszeiten** April – Okt. Di – So 10 – 17 Uhr | **Tipp** Die Kombi-Eintrittskarte gilt auch für das sehenswerte Keltenmuseum Heuneburg im Ort, Binzwanger Straße 14, 88518 Herbertingen, Tel. 07586/1679, Di – So 10 – 16 Uhr, www.heuneburg.de.

47 __ Das Fastnachtsmuseum

Ganzjährig Fasnet

Begeisterte Fasneter findet man im Ländle viele, dazu gehört auch der erste grüne Ministerpräsident. Nicht alle seine Landeskinder teilen indes diesen Enthusiasmus. Denn in der fünften Jahreszeit ist Baden-Württemberg quasi geteilt. Hier die pietistisch geprägten Landstriche, deren Bevölkerung die Narrenzeit weitgehend ignoriert oder für einen Urlaub nutzt. Dort die Hochburgen der schwäbisch-alemannischen Fastnacht, mehr im Süden der Alb, in denen die Saison gar nicht lang genug sein kann. Dort gilt: Nach der Fasnet ist vor der Fasnet.

Sobald sich aber die Narren ausgetobt haben, kehrt zumindest im Hettinger Narrenmuseum, der Narrenburg, wieder Alltag ein. Dann sind die Exponate aus ihrem Einsatz zurück. Denn in Hettingen werden Masken, Saublodern (Schweinsblasen) und Rätschen nicht in Kellern und Schränken eingemottet. Hier kommen sie ins Museum und stellen – außerhalb der närrischen Zeit – die farbenprächtigen und geschichtsträchtigen Exponate. Deshalb gibt's kurioserweise gerade in der Fasnetzeit im Museum nicht viel zu sehen. Dann warten die Kleiderpuppen »nackt« darauf, dass die verrückte Zeit endlich wieder vorbei ist und »Schnägägg«, »Glecklesbender«, »Härlegoischt« und wie die Häs (= Narrenkostüm) sonst noch alle heißen mögen, zurückgebracht werden.

Wer sich mit närrischem Treiben anfreunden will, ist in der Narrenburg mit Fasnetsgeschichte zum Anfassen richtig und bekommt anhand Elzacher Schuttigs, dem Donaueschinger Hansel, dem Endinger Jokili und vielen anderen historischen Fastnachtsgestalten Brauchtum lebendig erklärt.

Wo früher Getreide gelagert wurde, dreht sich seit 2006 alles um europäische Fastnachts-, Faschings- und Karnevalsbräuche. Die verschiedenen Facetten und Hintergründe werden erläutert und kulturelle Zusammenhänge hergestellt. Positiver Nebeneffekt: Kostüme und Masken sollen für die Nachkommen erhalten werden und Einblick in Sinn und Hintergrund des Themas geben.

Adresse Fastnachtsmuseum Narrenburg, Am Schloss, 72513 Hettingen, Tel. 07574 / 1428 und 93100, www.fastnachtsmuseum-narrenburg.de | **Anfahrt** Hettingen liegt hinter Gammertingen an der B 313 Bad Urach – Sigmaringen | **ÖPNV** Zug 768 oder Bus Linie 9 bis Hettingen | **Öffnungszeiten** So und Feiertage 13.30 – 17 Uhr (März – Nov.) | **Tipp** Das »Fasnets-Mäskle-Museum« von Gerold Weschenmoser in der Rathausgasse 4 in Starzach-Bierlingen steht mit seiner Sammlung von rund 5.000 Masken sogar im Guinness Buch der Rekorde und kann nach telefonischer Absprache besichtigt werden, Tel. 074837 / 1285.

48 Das Gewandhaus Museum

Genuss für alle Sinne

Das Fachwerkhaus in ihrer Nachbarschaft sollte ein Parkplatz werden. Da wurde Ilse Wolf aktiv, und Inneringen kam nicht nur zu einem schmucken Gebäude, sondern zum Gewandhaus Museum. Mit kunstvoll gestalteten Räumen, prächtigen Gewändern und einer Fülle an Farben, Stoffen und Accessoires ist es ein Gesamtkunstwerk der Mode- und Kostümgeschichte, wie es weit und breit kein zweites gibt. Zwischen Dorfhäusern und Bauernhöfen leben nun Sonnenkönig, Marie Antoinette und Maria Stuart in illustrer Wohngemeinschaft.

Konzeption und Einrichtung sind aus einem Guss, geschaffen von Ilse Wolf, einer vielseitigen Künstlerin, und ihren Töchtern, Kunsthistorikerin Katja Morrison und Grafikerin Bärbel Wolf-Gellatly. Die Mutter hat schon immer geschneidert, etwa für den Karneval in Venedig, wo sie in selbst genähten prunkvollen Gewändern die Blicke auf sich zogen. Jetzt entwarf und nähte das Trio prächtige Roben verschiedener Epochen von Renaissance bis Barock für lebensgroße Figuren. Diese tragen voluminöse Reifröcke im Rokoko-Stil, edle Empire-Kleider, Rüschen und Spitzen, alles zeugt von handwerklichem Können und Detailfreudigkeit.

In einer spannenden Zeitreise geht es in elf Räumen durch 500 Jahre Mode- und Kostümgeschichte mit Stoffen und Accessoires im authentischen Ambiente. Tochter Katja lässt mit handgemalten Tapeten das Flair höfischen Lebens und den Glanz vergangener Epochen aufleben. Ein Raum ist mit Malerei, Mobiliar und Architektur im Stil des Empire aus der Zeit Napoleons I. gestaltet und zeigt unter anderem eine Figur in Gestalt der Kaiserin Joséphine im Krönungsornat.

Weitere Glanzstücke sind 158 Figurinen in farbenprächtigen Kostümen, die höfische Mode der vergangenen 500 Jahre nachzeichnen. Beim »Augsburger Geschlechtertanz« hat Ilse Wolf mit zierlichen Figurinen in authentischen Kostümen das gleichnamige Gemälde von 1522 effektvoll inszeniert.

Adresse Gewandhaus Museum, Sigmaringer Straße 9, 72513 Hettingen-Inneringen, Tel. 07577 / 8609276 oder 07577 / 92360 (Ilse Wolf), www.gewandhaus-inneringen.de | **Anfahrt** innerorts in Inneringen an der K 8201 | **ÖPNV** nur Mo–Fr, nicht an Wochenenden | **Öffnungszeiten** Ende März–Anfang Nov. So und Feiertage 13.30–17 Uhr und nach Voranmeldung ganzjährig | **Tipp** Der mit einer Windmühle bemalte Wasserturm ist das Wahrzeichen von Inneringen. Er erinnert an 1868, als in der Kommune die damals erste und einzige Windmühle Südwürttemberg-Hohenzollerns erbaut wurde. Der Turm ist jetzt mit Bildtafeln der Heimatgeschichte gewidmet. Am Wasserturm, 72513 Hettingen-Inneringen

49__ Der Erntedankteppich

Motivboden in St. Martinus

An kirchlichen Feiertagen wie Erntedank und Fronleichnam geht es in Hirrlingen bunt zu.

Der Erntedankteppich in der katholischen Pfarrkirche St. Martinus hat es zu einiger Berühmtheit in der Region gebracht. Er ist kein gewobener Teppich, sondern besteht aus Blüten, Samenkörnern, Tannennadeln, Gewürzen und auch mal Kaffeepulver. Die Zutaten, etwa rote Geranien, gelbe Tagetes und blaue Kornblumen, werden übers Jahr gesammelt, getrocknet und in einer alten Kaffeemühle zu buntem Staub gemahlen.

Seit über 30 Jahren fertigt die Hirrlingerin Kläre Hummel bereits den Erntedankteppich vor dem Altar der Pfarrkirche. Sie, ihre drei Töchter und ein kleines Heer ehrenamtlicher Helferinnen sind vor der Erntedankzeit über Wochen damit beschäftigt.

Das jährlich wechselnde Motiv entwickelt Hummel aus aktuellen Themen und setzt es mit den Naturprodukten bildlich um. Mal geht es um die Frage »Wo ist euer Glaube?«, mal zeigt der Teppich die Schöpfung mit Gottes Händen, aus denen Tiere aller Erdteile hervorgehen, verbunden mit dem Appell, die Umwelt besser zu schützen als bisher. Der jeweilige Entwurf wird mit einem Projektor auf eine große Platte geworfen, mit Bleistift vorgezeichnet und mit den farbigen Körnchen ausgeführt. Das Hauptmotiv wird im Hause Hummel gelegt, drei bis vier Wochen dauert das. Dann wird es vorsichtig in die Kirche getragen.

Zum ersten Erntedankteppich wurde Kläre Hummel, eine gebürtige Oberschwäbin, einst auf einem Kirchenbasar inspiriert. Seither legt sie den Hirrlinger Erntedankteppich und hat damit eine wunderbare Tradition begründet, die die barocke Pfarrkirche weithin bekannt gemacht hat. Das Mosaik ist meist den ganzen Monat Oktober zu sehen.

Katholiken halten an Fronleichnam Gottesdienste auch im Freien und schmücken Stadt und Straßen mit Blumenteppichen.

Adresse Katholische Pfarrkirche St. Martinus, Kirchplatz, 72145 Hirrlingen, Tel. 07478 / 1235 (Pfarramt), www.kathkirche-hirrlingen.de | **Anfahrt** aus Richtung Dettingen oder Ragendingen auf der L 391 bis Hirrlingen | **Öffnungszeiten** Mo – So 8 – 19 Uhr (4 Wochen um Erntedank) | **Tipp** Das Renaissanceschloss Hirrlingen ist Beispiel eines stattlichen ländlichen Herrschaftssitzes, nahezu unverändert erhalten wird es heute als Rathaus genutzt.

50 Die albMesser-Manufaktur

König der Klingen

»Messer und Frauen verleiht man nicht« lautet ein Grundgesetz unter Köchen. Und wer je erlebt hat, wie sorgsam Profiköche mit ihren Messern umgehen, sie in speziellen Futteralen transportieren und niemand an die oft sündhaft teuren Stücke lassen, versteht den Satz. Und versteht Janosch Vecernjes, den König der Klingen von der Schwäbischen Alb, unter dessen Händen die Ferraris unter den Messern entstehen.

Janoschs Manufaktur sucht ihresgleichen. Seine innovativen Kochmesser begeistern Sammler und Spitzenköche auf der ganzen Welt. Individuell gefertigt, dokumentieren sie ein Stück nahezu vergessener Handwerkskunst vielfach geschmiedeter Klingen, die mit handgefertigtem Holzgriff ihr individuelles Finish bekommen.

Mit dem albMesser Spezial gelang ihm der Durchbruch. Dessen besonderes Design hat er sich patentieren lassen. In jedem Messer stecken mindestens 20 Arbeitsstunden und 60 Arbeitsschritte. Es ist in unterschiedlichen Qualitäten erhältlich: von rostfreiem Stahl über Carbon bis hin zur Königsklasse, dem Damaszener Stahl. Für letzteren werden hauchdünne Stahlschichten unzählige Male gefaltet, bis die typische Wellenmusterung entstanden ist. Schnell kommen da 100 und mehr Arbeitsstunden, ein vierstelliger Preis und Wartezeiten von mehreren Monaten zusammen.

Seine Schmiede gehört zum Bauernhausmuseum Ödenwaldstetten. Hinterm Haus grasen Pferde, drinnen glüht die Feuerstelle, wenn Janosch da ist. Mit Geräten, die ein Vielfaches so alt sind wie er selbst, schmiedet er seine Klingen.

In Ungarn hat Janoschs Leidenschaft für Messer ihren Ursprung. In den Ferien bei Verwandten hockte er stundenlang beim benachbarten Messerschmied in der Werkstatt, einem der letzten seiner Zunft in Ungarn. Später studierte er jahrelang die unterschiedlichen Schneidetechniken aus Asien, Amerika und Europa – und hängte irgendwann seinen Job als Finanzberater an den Nagel.

Adresse Molkeweg 2, 72531 Hohenstein-Bernloch, Tel. 0176/19831312 (Janosch Vecernjes), www.albmesser.de | **Anfahrt** in der Ortsmitte von Bernloch der Beschilderung Bauernhausmuseum folgen | **ÖPNV** Regionalbus 7618/7607 von Bernloch bis Ödenwaldstetten | **Öffnungszeiten** nur nach Anmeldung, Schleifen nach Vereinbarung. Die Schmiede im Bauernhausmuseum Ödenwaldstetten (Jahnweg 1–3, 72531 Hohenstein) kann man während der Öffnungszeiten Mai–Okt. Mi, So und Feiertage 14–17 Uhr sowie Aug.–Sept. auch Sa 14–17 Uhr, besichtigen. | **Tipp** Ein sehr altes, traditionsreiches kleines Gasthaus, das regional, vorwiegend mit eigenen Produkten schwäbisch kocht und albMesser benutzt, ist der Adler in Eglingen (Gartenstraße 1, 72531 Hohenstein-Eglingen, Tel. 07383/384).

51 Die Albbüffel

Ein Wolf als Cowboy von der Alb

In Meidelstetten ist Willi Wolf zu Hause. Der Cowboy von der Alb, wie er sich selbst gerne nennt, hat früh erkannt: Landwirtschaft auf der Alb muss eigene Wege gehen. Als Viehzüchter mit großer Angus-Mutterkuhherde hat der umtriebige Biolandwirt vor bald zehn Jahren seinen Reiterhof in Meidelstetten um eine Büffelzucht erweitert.

Ob der Büffel zur regionalen Tradition gehört, ist nicht ganz unumstritten. Schon vor 300.000 Jahren haben Wasserbüffel in Deutschland gelebt. Dass sie damals auch auf der Alb grasten, sollen angeblich Knochenfunde aus dem Mittelalter beweisen. Da lag der Gedanke nahe, den Büffel auf der Hochfläche wieder anzusiedeln, ihn Albbüffel (Bubalus Albensis) zu nennen und drum herum ein cleveres Marketingkonzept zu stricken. Die Rechnung ging auf.

2005 begann das Projekt mit 36 rumänischen Wasserbüffeln, heute ist Wolfs Herde auf 300 Tiere angewachsen, angeführt von zwei Bullen. Von April bis zum ersten Schnee leben sie auf rund 170 Hektar Weideland und den Winter über im Meidelstetter Stall. Sie sind tiefschwarz, haben wuchtige Sichelhörner und seltsam flach nach vorn geneigte Köpfe. Büffel sind hochsensibel, doch niemand versteht sie besser als der schwäbische Cowboy.

Daraus ist inzwischen eine Albbüffel GmbH und die »Marke« Albbüffel entstanden. Neben Willi Wolf gehören dazu Helmut Rauscher (Hohensteiner Hofkäserei) und Ludwig Failenschmid (Gasthaus, Fleisch- und Wurstwaren). Sie vermarkten ihre Erzeugnisse mit wachsendem Erfolg, darunter »Alb-Göschla« (Büffelmaultaschen), Albzarella (Büffelmozarella), Albbüffelseife und vieles mehr. Die Gastronomen der Region reißen sich förmlich um das gesunde Fleisch, die Nachfrage übersteigt deutlich das Angebot.

Egal ob Büffel auf der Alb zu den endemischen Tieren gehören: Willi Wolfs Herde wird weiter wachsen, auch wenn der Cowboy in den Ruhestand geht.

Adresse Willi Wolf, Steinhilber Straße 28, 72531 Hohenstein-Meidelstetten, Tel. 07387 / 579, www.willi-wolf.de | **Anfahrt** B 312 zwischen Pfronstetten und Bernloch, in Hohenstein abbiegen in die Schulstraße nach Meidelstetten | **Öffnungszeiten** Führungen jeden 2. Sa, Mai – Okt. auf der Weide, Nov. – April im Laufstall, jeweils mit deftiger Vesper | **Tipp** Auf dem weitläufigen Gelände stehen fünf Blockhäuser mit Küche, WC, Dusche, Schlafbereich und Matratzendachboden für urige Urlaube, Buchungen info@meine-albzeit.de.

52 Die Villa Frisch

Das Schwörer-Haus

Es brennt in der Villa Frisch. Kaum eingezogen, hatte die Familie des Großbäckers Manfred Frisch kein Dach mehr über dem Kopf. Es gibt Stress in Schafferdingen. Kenner ahnen, wovon die Rede ist, von »Laible und Frisch«, der erfolgreichsten schwäbischen Fernsehserie des 21. Jahrhunderts. Die Geschichte um den Konkurrenzkampf zweier Bäcker löste eine Welle der Begeisterung und einen regelrechten Tourismus-Boom aus. Fans der Serie klappern die markanten Schauplätze ab und entdecken dabei auch die Schwäbische Alb.

»Laible und Frisch« traf einen Nerv. Zwei erfolgreiche TV-Staffeln im SWR-Fernsehen, zahlreiche Wiederholungen vor Millionenpublikum, zwei erfolgreiche Theaterstücke in der Stuttgarter »Komödie im Marquardt« mit anschließender Tournee durchs Ländle, ein SWR-Hörspiel und dann als Krönung Ende 2018 der Kinofilm »Laible und Frisch – Do goht dr Doig«. Dabei gibt es Schafferdingen gar nicht wirklich. Der fiktive Ort besteht aus vielen Örtlichkeiten, gedreht wurde in den Landkreisen Reutlingen und Esslingen, in Bad Urach und Dettingen an der Erms. Und in Hohenstein.

Der Brand der »Villa Frisch« in der ersten Serienstaffel war natürlich ein Filmtrick. Damit nicht genug. In Staffel zwei kam es beim Liebesspiel von Großbäcker Frisch und seiner Geliebten dann auch noch zu einem Wasserschaden. Alles hat die Villa überstanden, wovon sich jeder überzeugen kann. Denn die Villa war kein Fake, es gibt sie wirklich. Sie heißt »Musterhaus Oberstetten« und steht in der Ausstellung des Fertighaus-Spezialisten Schwörer. Als »Zukunftshaus« konzipiert ist es barrierefrei und rollstuhlgerecht geplant, mit Aufzug, durchgehend schwellenlos – und für jeden zu haben. Produziert wird es nach Maß und Wunsch in Hohenstein, aufgestellt an jedem Ort der Republik. Die Häuslebauer von der Alb wissen, was sie tun: Seit 1970 haben sie über 40.000 Häuser produziert.

Adresse Schwörer Musterhauszentrum Hohenstein, Eschenweg 2, 72531 Hohenstein-Oberstetten, Tel. 07387/163140, www.schwoerer.de | **Anfahrt** aus Reutlingen auf L 312 bis Hohenstein, dann den Schildern folgen | **ÖPNV** Bus 7607/7618 bis Oberstetten-Mitte | **Öffnungszeiten** Mo−So 10−17 Uhr | **Tipp** Wer sich bei einem der Biosphären-Gastgeber stärken möchte, sitzt in Speidel's BrauManufaktur bei Hausgebrautem richtig und kann in schicken Designer-Hotelzimmern schlafen.

53__Das Urweltmuseum Hauff

Schwäbischer Jurassic Park

Holzmaden gilt seit über 100 Jahren als das gelobte Land der Fossiliensammler, denn hier kamen die schönsten Versteinerungen Schwabens ans Licht. Autofahrer kennen die Schilder mit dem Logo des Museums an der Autobahn: Sie zeigen ein Meereskrokodil aus der Jurazeit und weisen den Weg zum schwäbischen »Jurassic Park«.

Im Urweltmuseum Hauff sind Fossilien aus dem süddeutschen Posidonienschiefer zu sehen. Sie genießen Weltruhm, denn es sind die schönsten der Schönen, die in den letzten 100 Jahren in Schieferbrüchen um Holzmaden gefunden wurden. Alle diese Tiere und Pflanzen haben in der phantastischen Meereswelt der Jurazeit vor 180 Millionen Jahren hier gelebt, als ein subtropisches Meer Süddeutschland bedeckte.

Um Schuppenfische und Meeressaurier ganz genau zu sehen, drücken sich Kinder wie Erwachsene an den Schaukästen die Nasen platt. Ob Geologie des Schwäbischen Jura, eine interaktive geologische Uhr oder die lebensgroßen Modelle von Sauriern und Dioramen: Die Museumsdidaktik ist vorbildlich und gibt anhand von Schautafeln, Videofilmen und Animationen Aufschluss über das Leben in der Jurazeit, und die einzelnen Schichten des Posidonienschiefers mit ihren typischen Fossilien sind naturgetreu gestaltet. Zu den interessantesten Ausstellungsstücken gehört einer der besterhaltenen Ichthyosaurier, mit fossiler Haut und Muskulatur, sowie eines der größten vollständigen Ichthyosaurierskelette: stolze acht Meter lang.

Außerdem zu sehen sind zwei seltene Plesiosaurier, ein vollständiger Flugsaurier, verschiedene Meereskrokodile der Jurazeit sowie viele gut erhaltene seltene Fische und eine Vielzahl von Ammoniten, Belemniten und Krebsen. Hauptausstellungsstück ist jedoch die weltweit größte Kolonie von Seelilien; Hunderte Blüten ranken sich auf über 100 Quadratmetern Fläche um ein zwölf Meter langes Treibholz.

Das größte private Naturmuseum Deutschlands gilt als Paradebeispiel für die Schwäbische Alb als erdgeschichtliches Musterländle.

Adresse Aichelberger Straße 90, 73271 Holzmaden, Tel. 07023/2873, www.urweltmuseum.de | **Anfahrt** A 8 Stuttgart–Ulm, Abfahrt Kirchheim/Teck Ost oder Abfahrt Aichelberg, dann den Museums-Wegweisern folgen | **ÖPNV** Bus 173/174/175, Haltestelle Holzmaden, 20 Minuten Fußweg | **Öffnungszeiten** Di–So 9–17 Uhr | **Tipp** 2,5 Kilometer vom Urweltmuseum entfernt, im Schieferbruch Kromer in 73275 Ohmden, kann man im frisch abgebauten Schiefer von März bis November selbst auf Fossiliensuche gehen, www.schieferbruch-kromer.de.

54   Das Schloss Kirchheim

Herzoginnen mit Herz fürs Volk

Über der hübschen Stadt an der Lauter thront die Burg Teck. Im Ortskern steht das einstige Renaissanceschloss, über 200 Jahre lang Sitz herzoglicher Witwen. Heute beherbergt es ein charmantes Museum, dessen Interieur an die Bewohnerinnen, ihren Geschmack und Stil erinnert.

Der Klassizismus zog mit der wohl bekanntesten Bewohnerin des Schlosses, der späteren Herzogin Franziska von Hohenheim (1748–1811), ein. 20 Jahre hatte sie als Mätresse an der Seite des württembergischen Herzogs Karl Eugen gelebt. Er konnte sie erst nach dem Tod seiner ersten Frau heiraten. Dazwischen lagen Jahre, in denen die fromme Franziska ihren Herzog, der zu einem ausschweifenden Lebensstil und Verschwendungssucht neigte, zum verantwortlich handelnden Landesvater umkrempelte. Nach seinem Tod 1793 wurde sie vom Hof verjagt und bezog den traditionellen Witwensitz der Württemberger Herzoginnen: Schloss Kirchheim.

Einer weiteren Schlossbewohnerin gehören die Herzen der Kirchheimer bis heute. Herzogin Henriette (1780–1857) überlebte ihren Mann, Ludwig von Württemberg, um 40 Jahre. Ihr Name ist untrennbar mit dem Aufbau sozialer Strukturen in Kirchheim in der ersten Hälfte des 19. Jahrhunderts verknüpft. Ausgeprägte Frömmigkeit und fürstliches Verantwortungsgefühl waren ihr Antrieb. Sie initiierte und begleitete unzählige soziale Projekte, gründete Schulen, ein Krankenhaus und auch die lokale Feuerwehr. Die von ihr unterstützte Kleinkinderschule besteht noch heute im Teck-Kindergarten weiter. Henriette bewies auch ein Händchen bei dem schwierigen Geschäft, ihre vier Töchter – und einen Sohn – standesgemäß zu verheiraten. Dank ihres Geschicks bei der Eheanbahnung war sie bald mit halb Europa verwandt und wird deshalb oft als »Großmutter Europas« tituliert.

Die Privaträume der herzoglichen Witwen im Schloss Kirchheim sind fast originalgetreu erhalten und nur mit Führung zu besichtigen.

Adresse Schlossplatz 8, 73230 Kirchheim unter Teck, Tel. 07071 / 602802, www.schloss-kirchheim.de | **Anfahrt** A 8 Stuttgart–Ulm, Abfahrt Kirchheim unter Teck | **ÖPNV** Vom Bahnhof sind es rund fünf Minuten zu Fuß zum Schloss. | **Öffnungszeiten** Mai–Nov. Mi, Sa 14–17 Uhr, So und Feiertage 13.30–17.30 Uhr | **Tipp** Die markante Burg Teck über dem von Fachwerk geprägten Städtchen Kirchheim unter Teck gehört heute dem Schwäbischen Albverein. Im Wanderheim finden Veranstaltungen und Festlichkeiten aller Art statt, zum Beispiel Rittermähler, www.burg-teck-alb.de.

55 Das Widmann's Alb.leben
Ein Löwe mit Alb-Style

Die Ostalb ist trotz einiger Weltkulturerbestätten noch immer ein Geheimtipp. Ursprüngliche Landschaft, Städteperlen wie Schwäbisch Gmünd und Ellwangen – und mittendrin Widmann's Löwen in Zang. Entstanden aus einer Gasthaus-Metzgerei ist dort mittlerweile die achte Familiengeneration aktiv. Mit Andreas Widmann, weit gereist und als Koch erfahren von Neuseeland bis München, und seiner aus Tirol stammenden Frau Anna-Maria wandelt sich das Gasthaus Schritt für Schritt zu »Widmann's Alb.leben«. Dabei bleiben bei den Widmanns keineswegs Tradition und echt schwäbische Gastlichkeit auf der Strecke.

Bei den polyglotten Widmanns übernachtet man in stilvollen Chalets, die einst Forsthütten waren, mit Sauna und frei stehender Badewanne, in aufgemöbelten Schäferwagen auf der grünen Wiese oder den schicken »Alb Style«-Zimmern mit allem Komfort. Alles hier atmet Region: Filz, Wolle, Leinen, die Eichenböden, die Keramik von der Töpferin nebenan und natürlich die Küche. Im ältesten Teil, der früheren Metzgerei, wird schwäbische Küche mit Produkten der Ostalb im Restaurant »Ursprung« genussvoll neu in Szene gesetzt.

Während im Löwen-Gasthaus »Roschtbrätle«, Kutteln, resche Enten und Ochsenbäckle in Lembergersößle aufgetischt werden, interpretiert Andreas Widmann im »Ursprung« Produkte und »Geist« der Ostalb. Gemüse und Getreide holt er aus ihrer Nebenrolle als Beilage und überlässt den Gästen die Menüwahl zwischen Tier und Gemüse. Jeder Gang authentisch, regional, optisch und handwerklich durchdacht. Dazu hat Sommelière Anna Widmann einige Überraschungen aus deutschen – Württemberger! – Weinlanden in petto. Ein Restauranterlebnis, das 2019 erstmals mit einem Stern im Guide Michelin ausgezeichnet wurde. Als einziges der gesamten Ostalb! Viel Region gibt's auch beim Frühstück mit Biohonig von Zanger Bienen, Milchprodukten und Käse vom Biohof Eselsburg und der Dorfkäserei Geifertshofen.

Adresse Widmann's Löwen, Struthstraße 17, 89551 Königsbronn-Zang,
Tel. 07328 / 96270, www.loewen-zang.de | **Anfahrt** von Heidenheim über die B 466
Zanger Straße über K 3035 Zanger Hauptstraße bis Königsbronn und Struthstraße |
ÖPNV RE 22534 Richtung Ellwangen bis Königsbronn, dann weiter mit dem Taxi |
Tipp Kochkurse mit Widmann Senior in seiner Kochschule im Jägerhof, ein paar Häuser
entfernt. Verschiedene Themen, immer mit Aperitif, gemeinsamem Zubereiten, Essen,
Weinprobe im Weinkeller et cetera.

56 _ Die Arbeitersiedlung
Arbeiten und Leben vor Ort

Der soziale Wohnungsbau heutiger Tage hat berühmte Vorläufer. Die Fuggerei in Augsburg ist wohl der bekannteste. Doch auch im Schwäbischen haben fortschrittliche Unternehmer Siedlungen erbauen lassen, um gute auswärtige Arbeitskräfte mit modernen Wohnungen zu umwerben.

Einer von ihnen war der Schweizer Textilindustrielle Arnold Staub. Mit über 800 Beschäftigten wuchs seine Baumwollspinnerei in Kuchen, begonnen 1857, innerhalb weniger Jahre zur bedeutendsten ihrer Art in Württemberg. Staub ließ 1858 bis 1887 eine Arbeitersiedlung mit Wohnungen für rund 400 Bewohner erbauen, die für damalige Verhältnisse das Nonplusultra an Fortschrittlichkeit war. Während die Eltern in der Fabrik arbeiteten, spielte ihr Nachwuchs im Kindergarten, lernte in der Siedlungsschule und tobte auf den Grünflächen.

Arnold Staub hatte die Infrastruktur nicht vergessen, schließlich ging es dem calvinistisch geprägten Industriellen auch um die »geistige und sittliche Hebung des Arbeiterstandes«. So gab es einen Speise- und Festsaal, einen Versammlungsraum für ledige Arbeiterinnen, Bibliothek und Lesezimmer für Männer, Kaufladen, Apotheke und Spital.

Im früheren »Kosthaus«, inzwischen Gasthof »Staubbach«, schmecken heute das Viertele und saftige Döner. Das Bad- und Waschhaus mit Schwimmbecken, Dampfbad, Badezimmern, Waschanstalt und Bügelzimmern galt als Prunkstück der Anlage. Eine für Arbeitnehmer und -geber gleichermaßen nützliche Einrichtung: Wer auf Hygiene achtet, wird seltener krank. Inzwischen gehört die denkmalgeschützte Arbeitersiedlung der Gemeinde Kuchen, die den Park im englischen Stil mit hübschem Gartenhäuschen in Teilen wiederhergestellt hat. Der alles überragende Uhrenturm des Badhauses steht hingegen noch heute für die von Arnold Staub geforderte Pünktlichkeit und Disziplin.

Adresse Weberallee 13, 73329 Kuchen an der Fils, Tel. 07331/81256 (Helmut Junginger), www.kuchen.de/historische-arbeitersiedlung.html | **Anfahrt** an der B 10/466 zwischen Geislingen an der Steige und Gingen an der Fils | **ÖPNV** Bus 7680, Haltestelle Kuchen | **Öffnungszeiten** Führungen nach telefonischer Absprache | **Tipp** In der historischen Anlage der Burg Staufeneck über Salach bei Göppingen (18 Minuten mit dem Bus vom Hauptbahnhof Göppingen) kann man kulinarische Sternstunden erleben und eine Panoramaaussicht weit hinein ins Stauferland genießen, www.burg-staufeneck.de.

57 _ Die Tiefenhöhle
55 Meter unter der Erde

Durchlöchert wie ein Schweizer Käse sei sie, die Schwäbische Alb. Mit ihren 2.500 Höhlen ist die Region so hohl wie keine andere in Deutschland, schrieb einst »Der Spiegel«. Das liegt an der baden-württembergischen Karstlandschaft. Ihre Entwässerung läuft unterirdisch durch Klüfte, Spalten und Höhlen ab. Gut 20 Großhöhlen mit mehr als 500 Metern Ganglänge verzeichnet das Höhlenkataster der Schwäbischen Alb.

Die längste Höhle ist die auf über 6.000 Metern vermessene Wulfbachquellhöhle bei Mühlheim an der Donau, als tiefste gilt die Laichinger Tiefenhöhle. Sie ist die einzige für Besichtigungen ausgebaute Schachthöhle. Und das nicht von ungefähr. Auf Eisentreppen geht es 55 Meter in die Tiefe, wo die Temperatur bei frischen acht Grad liegt. Mit ihrem versteinerten Riff der Jurazeit, gewaltigen Schächten und riesigen Hallen ist die Laichinger Tiefenhöhle ein außergewöhnlich sehenswertes Geotop.

In der Sandhalle kann man Dolomiten entdecken: poröse Steine, die wirklich wie Schweizer Käse aussehen. Oder den Streuselkuchengang, dessen Wände an Streuselkuchen erinnern.

Über der Erde verspricht das Höhlenmuseum fundierte Information und eine Prise Abenteuer mit aktivem Zutun. Im Modell einer Karstlandschaft, die der Schwäbischen Alb mit Höhlen, Erdfällen, Karstquellen, Trockentälern und Karstwannen nachgebildet ist, können Besucher mit einer Taschenlampe die Atmosphäre unter Tage erforschen. Beeindruckend ist auch das Skelett eines Höhlenbären, der sich 3,50 Meter hoch aufrichtet. Ungefähr 250.000 Jahre sind die ältesten »echten« Höhlenbären alt. Warum sie aber vor rund 16.000 Jahren ausstarben, ist nicht bekannt. Vermutlich wurden ihnen die starken Klimaschwankungen gegen Ende des Eiszeitalters zum Verhängnis. Diesen konnten sich die Tiere wohl nicht rasch genug anpassen.

Vor der Höhle gibt es eine Gaststätte, einen Grill- und Spielplatz und einen Kletterwald.

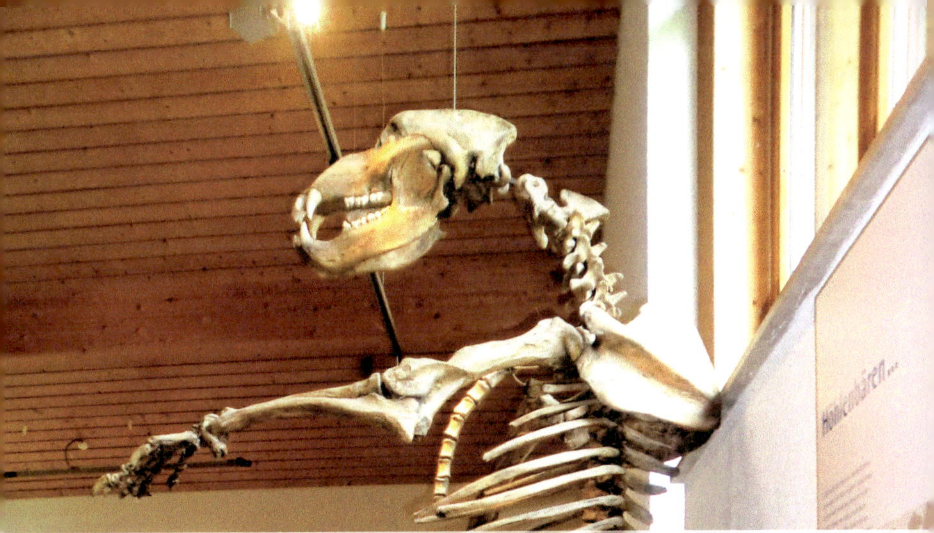

Adresse Höhlenweg 1, 89150 Laichingen-Machtolsheim, Tel. 07333/5586, www.tiefenhoehle.de | **Anfahrt** in Laichingen von der L 230 in den Laublocher Weg abbiegen und den braunen Hinweisschildern folgen | **Öffnungszeiten** April–Nov. Mo–So 9–18 Uhr | **Tipp** Ein paar Kilometer weiter lockt Nostalgie pur im Pony- und Märchenpark Zwergental mit Ponyreiten, Märchenhäuschen entdecken, im »Raupenzügle« übers Gelände tuckern, Streichelzoo, Grillstelle und Biergarten, www.ponymaerchenpark.de.

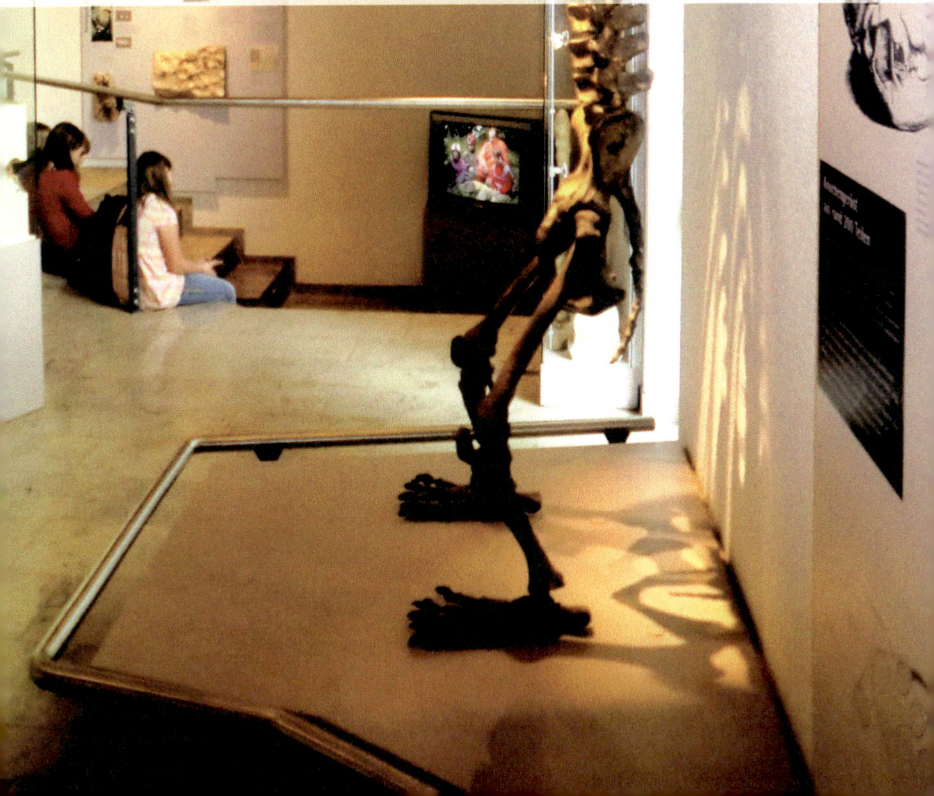

58 Die Märzenbecher-Blüte

Wald im weißen Blütenlook

Ein phantastisches Naturschauspiel bieten alljährlich Tausende blühende Märzenbecher im idyllischen Wolfstal bei Lauterach. Die ersten Märzenbecher des Jahres lösen dort regelmäßig einen Besucherboom aus. Ihre Saison ist kurz. Denn die Märzenbecher sind oft früher dran, als es ihr Name vermuten lässt. Oft blühen sie schon im Februar und häufig sogar früher als Schneeglöckchen. Deren Bekanntheitsgrad haben sie allerdings – noch – nicht erreicht. Obwohl sie ihnen optisch mit ihren glockenförmigen Blüten in nichts nachstehen.

Ihre Schönheit kommt nicht von ungefähr: Märzenbecher (*Leucojum vernum*) oder Frühlingsknotenblume stammen aus der Familie der Amaryllis-Gewächse. Doch Vorsicht: Märzenbecher sind hübsch anzusehen, aber giftig – und sie stehen auf der Roten Liste gefährdeter Pflanzen. Als Frühblüher dienen sie zudem Insekten als wertvolle erste Nahrungsquelle nach dem Winter und locken mit ihrem veilchenartigen Duft vor allem Bienen und Tagfalter an. Ideale Bedingungen finden die wild blühenden Märzenbecher auf feuchten Ton- und Lehmböden und Nasswiesen.

Oft sind ihre weißen Blütenteppiche mit knallroten Farbtupfern gesprenkelt, den meist zeitgleich wachsenden scharlachroten Kelchbecherlingen. Sie gehören zu den ebenfalls gefährdeten Schlauchpilzen.

Trotz des Rummels, den die Schaulustigen an schönen (Sonn-)Tagen auslösen, ist die Märzenbecherblüte im Wolfstal noch immer ein eindrucksvolles Naturschauspiel.

Nicht weit entfernt liegt die imposante Laufenmühle, bis 1925 Mühle des Benediktinerklosters Zwiefalten. Sie war 1885 abgebrannt und wurde in historischer Form wieder aufgebaut. Seit 1992 ist sie eine beliebte Gaststätte mit Biergarten. Hier bildet die Lauter einen kleinen Wasserfall, und am Parkplatz erinnert eine alte Tuffsteinsäge an den Kalksinterabbau im Lautertal.

Adresse 89584 Lauterach, Tel. 07375 / 227, www.gemeinde-lauterach.de | **Anfahrt** von der B 311 Ulm – Sigmaringen bei Untermarchtal auf die L 273, auf der K 7414 nach Lauterach, am Ortsende rechts ab auf die K 7340, die direkt zum Parkplatz Wolfstal führt | **ÖPNV** Bus 341, Haltestelle Lauterach / Wolfstal | **Tipp** Die Burgruine Rechtenstein, zwei Kilometer entfernt im gleichnamigen Weiler, stammt aus der Stauferzeit und gehörte den Grafen von Wartstein. Weithin sichtbar ist der 20 Meter hohe Bergfried, der leider nicht begehbar ist.

59__Kages Mikroversum

Reise in phantastische Mikrowelten – Klein ganz groß

Das Schloss Weißenstein auf der Ostalb bei Göppingen ist seit 1971 weltweit als die Hochburg der Mikrofotografie bekannt. Professor Manfred P. Kage gilt als Pionier der wissenschaftlichen und künstlerischen Mikrofotografie sowie der Multimediakunst.

Seine mikroskopischen Aufnahmen etwa am Rasterelektronenmikroskop zeigen die genialen Strukturen und Netzwerke der Natur. Hier verwandeln sich phantastische Mikrokosmen dank modernster Technik in kunstvolle Präsentationen. Mit der von ihm entwickelten Science Art dringt Kage in neue Sehwelten vor und erreicht mit mikrofotografischen Aufnahmen eine Ästhetik ganz eigener Dimension wie beispielsweise bei der 30-fachen Vergrößerung einer Calendula-Blüte (rechts im Bild).

Diese Welt den Menschen nahezubringen, ist seit 60 Jahren das Ziel des renommierten Mikrofotografen. Mit Ehefrau Christina, Tochter Ninja-Nadine und Schwiegersohn Oliver Kage ist die gesamte Familie dabei aktiv. Denn Schloss Weißenstein beherbergt auch das Museum »Kages Mikroversum«, in dem Besucher während einer zweistündigen Reise in den phantastischen Mikrokosmos vordringen. Sie erleben Strukturen jenseits des Sichtbaren, tauchen ein die weitgehend unbekannten Welten winzigster Meerestiere, kleinster Insekten, Kristalle und Mineralien, welche die Besucher auch selbst durch Mikroskope entdecken können.

Mit Film- und Multivisionsvorträgen verdeutlicht die Familie Kage, wie man mit innovativen Techniken in verborgene Welten vorstoßen und das Unvorstellbare vorstellbar machen kann, abgerundet durch künstlerische Inszenierungen wie das »Optische Konzert«, eine abstrakte Farbenrausch-Großprojektion und Performance. Da Kage Mikrofotografie ein echt schwäbisches Familienunternehmen ist, nimmt sich bei Führungen die gesamte Familie Zeit für Erläuterungen. Einige Räumlichkeiten des Schlosses können für Trauungen oder Firmenseminare gemietet werden.

Adresse Kage Mikrofotografie GbR – Schloss Weißenstein, Schloss 1, 73111 Lauterstein, Tel. 07332/4317, www.schlossweissenstein.de | **Anfahrt** Schloss und Ort liegen an der B 466 auf etwa halber Strecke zwischen Heidenheim und Göppingen. | **ÖPNV** Bus 7687 von Geislingen oder Gmünder Stadtbus 2 bis Lauterstein | **Öffnungszeiten** Führungen während der Göppinger Veranstaltungsreihe »Sommer der VerFührung« (auf Anmeldung), ansonsten nach Vereinbarung | **Tipp** Die unterhalb vom Schloss liegende Barockkirche Mariä Himmelfahrt war mehrere hundert Jahre lang Grablege der Gräflich von Rechberg'schen Familie. Der historische Ort drumherum lädt mit restaurierten Häusern zum Bummeln ein.

60_ Die Burg Wildenstein

Burgherr/-in auf Zeit in coolen Betten

Einst lebten hier die Grafen von Zimmern, später wehte die Fahne der Prinzen Fürstenberg über den Mauern. Seit 1971 ist Burg Wildenstein eine der außergewöhnlichsten Jugendherbergen des Landes und offen für alle. Insgesamt 156 Betten stehen in den Zimmern. Diese sind klein, eher karg ausgestattet und ihre Decken niedrig, ganz so wie bei den Rittersleut' früherer Tage. Genau das macht hier den Reiz eines Burgaufenthalts aus.

Wo speist man schon unter kostbaren Fresken in einem Saal aus dem Mittelalter? Da nimmt man es in Kauf, dass man zum Waschraum über den Hof muss, falls man nicht eines der wenigen Zimmer mit (Etagen-)Dusche ergattert hat.

Wildenstein gehört zu den besterhaltenen Burgen Deutschlands. Nur wenige Kilometer flussabwärts von Beuron thront sie auf einem Felsen 810 Meter über dem Donaudurchbruch. Ihre Außenanlage ist fast unverändert so erhalten, wie sie unter Burgherr Gottfried Werner von Zimmern aussah, der sie 1554 zur frühneuzeitlichen Festung umbauen ließ. Vor- und Hauptburg sind nur über Brücken zugänglich – nichts für Leute mit Höhenangst. Sie führen über den Burggraben, der früher deutlich tiefer als die heutigen etwa 20 Meter war. Unten führt – es lebe die Moderne – ein Fahrweg für Lieferanten entlang. Dort gibt es auch einen Lastenaufzug, damit Speisen, Getränke und Sonstiges nicht wie früher per Korb mehrere hundert Meter weit hinaufgetragen werden müssen.

Die Burg bietet treppauf, treppab jede Menge Raum für Entdeckungen. Ihre Kapelle hat einen sehenswerten Wildensteiner Altar, der als ein Hauptwerk des Meisters von Meßkirch gilt und auch den einstigen Burgherrn zeigt. Es gibt Geheimgänge – und vielleicht auch Gespenster. Die Brücken zur Schenke im Burghof sind tagsüber frei zugänglich. Alle anderen Räumlichkeiten sind den Jugendherbergsgästen vorbehalten. Die Umgebung ist ein Paradies für Wanderer, Naturliebhaber und Wallfahrer des Klosters Beuron.

Adresse Jugendherberge Burg Wildenstein, 88637 Leibertingen, Tel. 07466 / 411, www.jugendherberge-burg-wildenstein.de | **Anfahrt** von Beuron in Richtung Buchheim oder von Hausen im Tal Richtung Messkirch auf der B 277 nach Leibertingen, von dort führt eine beschilderte Straße auf die Hochfläche direkt zum Parkplatz vor der Burg | **ÖPNV** Donautalbahn 755, Haltestelle Beuron, Fußmarsch eine Stunde zum Schloss hinauf | **Tipp** Im Leibertinger Ortsteil Kreenheinstetten finden jedes Jahr im September die Schwäbischen Highlandgames statt, ein Ereignis rund um die traditionellen schottischen Nationalspiele mit Wettkämpfen wie Ackersteinwerfen, Schubkarrenrennen, Traktorziehen und vieles mehr.

61 Das Schloss Lichtenstein

Die Burg zum Buch

Was den Bayern Neuschwanstein, ist den Schwaben ihr Lichtenstein. Inspiriert von Wilhelm Hauffs Roman »Lichtenstein«, ließ Graf Wilhelm von Württemberg, später Graf von Urach, auf einer Felsspitze 250 Meter über Honau und dem Echaztal ein Märchenschlösschen erbauen. Die Ritterburg, die nie eine war, hat trotzdem alles, was das Besucherherz begehrt: Zugbrücke, Verlies, Geheimgang, Ritterrüstungen und die umfangreiche Waffensammlung des Hausherrn.

Wilhelm war sein eigener Designer, bevor es diesen Begriff gab. Er ließ Räume, Wandmalereien und Verzierungen perfekt auf die meist aus dem Mittelalter stammenden Bilder und anderen Objekte anpassen. Das Schloss diente ihm ab 1842 als luxuriöses Ferienhaus, noch heute ist Lichtenstein im Privatbesitz des Ururenkels von Wilhelm Graf von Württemberg, Wilhelm Albert von Urach.

Über das neugotische Schloss ist fast alles bekannt. Weniger jedoch über seinen »Erfinder«, den Schriftsteller Wilhelm Hauff, der mit seinen Märchen von »Kalif Storch« oder »Zwerg Nase« unsterblich wurde. Obwohl Hauff nie in Honau war, liegt er den Honauern noch heute am Herzen, hatte der Bau von Schloss Lichtenstein das Städtchen doch erst auf die touristische Landkarte katapultiert. Zu Hauffs 100. Geburtstag veranstalteten die Honauer im Jahr 1902 Lichtenstein-Festspiele und bauten ein Festspielhaus mit 1.500 Sitzplätzen.

Im Hauff-Museum können Besucher in zwei Dachstuben die Baupläne für den Lichtenstein studieren und mit dem Original vergleichen, das durchs Fenster zu sehen ist. Wilhelm Hauff schuf in seinem kurzen Leben ein umfangreiches Werk. 1802 in Stuttgart geboren, verfasste er mit 23 Jahren den »Lichtenstein« als ersten historischen Roman in deutscher Sprache. Ein Bestseller! An seinem Erfolg als gefeierter Autor konnte er sich nur kurz erfreuen. Wilhelm Hauff starb 1827, elf Tage vor seinem 25. Geburtstag.

Adresse 72805 Lichtenstein-Honau, Tel. 07129/4102, www.schloss-lichtenstein.de |
Anfahrt auf der B 313 Reutlingen–Honau bis Abzweigung L 230 Richtung Genkingen,
dann der Beschilderung folgen | **ÖPNV** Gehzeit von der Haltestelle »Schloss Lichtenstein
Aufberg« 1,3 Kilometer, von der Haltestelle Honau 1,75 Kilometer; Bus 400, 7606 und
7607 aus Reutlingen und Großengstingen | **Öffnungszeiten** Schloss: April–Okt. Mo–So
9–17.30 Uhr; Nov.–März Sa, So, Feiertage 10–16 Uhr; Museum (Echazstraße 2,
72805 Lichtenstein-Honau, Tel. 07129/4115): Ende März–Mitte Nov. Sa, So und Feier-
tage 14–17 Uhr | **Tipp** Im Echaztal bietet sich eine Höhlentour an: Die nach der würt-
tembergischen Königin Olga benannte größte Kalktuffhöhle Deutschlands ist in Honau zu
besichtigen, www.gemeinde-lichtenstein.de. Zwischen Lichtenstein und Sonnenbühl sind
Nebel- und Bärenhöhle für Besucher geöffnet, www.hoehlenwelten.sonnenbuehl.de.

62 Das Lorcher Wimmelbild

Irene von Byzanz, die Rose ohne Dorn

30 Meter lang und 4,5 Meter hoch ist das monumentale Rundbild im Kapitelsaal des Klosters Lorch. Das imposante Werk erzählt von Aufstieg und Fall des Herrschergeschlechts der Staufer. Fast fünf Jahre hat der Maler Hans Kloss daran gearbeitet, und pünktlich zum 900-jährigen Jubiläum der Klostergründung 2002 war es fertig: das Wimmelbild der Superlative. In zwölf Szenen geht es um Liebe und Verrat von 1102 bis zum Ende des schwäbischen Kaisergeschlechts 166 Jahre später. 1.500 Personen und 600 Tiere sind darauf naturgetreu dargestellt.

An vielen Stellen hat es der Künstler »menscheln« lassen. Diese Abbildungen zu entdecken, bereitet nicht nur Kindern Freude. Wo ist der Soldat, der sein Geschäft im Schatten einer Wand verrichtet? Oder die Frau ohne Höschen in der Szene »Flucht der Weiber vom Weinsberg«?

Das Gemälde hat seinen rechten Platz im Kloster Lorch, das 1102 von Herzog Friedrich I. gegründet wurde. Er war der erste Staufer auf dem schwäbischen Herzogsthron und bestimmte Lorch zur Grabstätte seines Geschlechts. Hoch über dem Remstal ist sein Wahrzeichen, der Marsiliusturm, weithin sichtbar.

Die berühmteste Stauferin ist wohl Irene von Byzanz, die vor über 800 Jahren in Lorch bestattet wurde. Die »Rose ohne Dorn«, wie Walther von der Vogelweide sie besang, war zeit ihres kurzen Lebens ein Spielball weltpolitischer Ränke. Als 14-Jährige wurde die byzantinische Kaisertochter nach Sizilien verheiratet, kurz darauf dort Geisel der staufischen Eroberer. Sie lernte Barbarossas Sohn Philipp kennen und lieben, der kurz darauf gegen seinen Willen König wurde. Es kam zu einem zehn Jahre dauernden Bürgerkrieg zwischen Staufern und Welfen, an dessen Ende Philipp ermordet wurde. Der erste Königsmord der deutschen Geschichte! Irene floh auf den Hohenstaufen. Dort starb die junge Witwe im Alter von 28 Jahren 1208 bei der Geburt ihres siebten Kindes.

Adresse Klosterstraße 2, 73547 Lorch, Tel. 07172/928497, www.kloster-lorch.com |
Anfahrt an der B 29 zwischen Schorndorf und Schwäbisch Gmünd abbiegen auf die
L 1154 | **ÖPNV** Bus 268 ab Lorch Bahnhof bis Kloster | **Öffnungszeiten** März–Okt.
Di–So 10–18 Uhr; Nov.–Feb. Di–So 10–17 Uhr | **Tipp** Direkt am Kloster Lorch
finden mittwochs und am Wochenende Vogelflugschauen der Stauferfalknerei statt,
www.stauferfalknerei.de.

63 Das Bleichhäusle

Auf den Spuren der Leinweber

Das Bleichhäusle erinnert an Zeiten, als der Flachsanbau auf der Albhochebene und speziell auch in Merklingen seine Blütezeit erlebte. Es wuchs halt nicht viel anderes auf den kargen trockenen Albböden.

So wurde der Anbau von Flachs und seine Weiterverarbeitung zu Garn und Leinen zum damals wichtigsten bäuerlichen Nebenerwerb. In rund 130 Haushalten ratterten die Webstühle in Merklingen bis in die 1920er Jahre, weiß Peter Bachteler vom Brauchtumsverein.

Die Wintermonate waren die bevorzugte Arbeitszeit fürs Spinnen und Weben, weil dann die landwirtschaftliche Arbeit weitgehend ruhte. Im Frühjahr kamen die Leintücher dann auf die Bleichwiesen. Denn um marktfähig zu sein, mussten die Leinenstücke schon damals möglichst hell und weiß sein.

Die zu bleichenden Tücher wurden bei den Hauswebereien eingesammelt und auf dem Hang am Kuhberg in Südwestlage auf den Wiesen ausgelegt. Der eigens angestellte Bleichwächter musste die Tücher mit Wasser benetzen, wenn sie trocken waren, wurde erneut nass gespritzt. Abends faltete der Wächter die Leinenstücke zusammen und lagerte sie im Häusle. Am nächsten Tag begann die Prozedur von vorn. So lange, bis der gewünschte Weißgrad erreicht war. Je nach Wetterlage dauerte das Bleichen mehrere Tage.

Die 1.800 Einwohner Merklingens halten ihr Bleichhäusle in Schuss, das inzwischen auch das Ortswappen von Merklingen ziert. Außerhalb Merklingens kennt kaum jemand das idyllische Plätzchen mit dem Feierabendbänkle. Man schaut auf den Ort und das Herrental, dazu läuten vielleicht die Glocken der Pfarrkirche, deren spätgotischer Hochaltar aus der Ulmer Schule sehenswert ist. So mag auch der Bleichwächter oft gesessen haben, den Blick gerichtet auf die zum Bleichen ausgebreiteten Leinenstücke – und den Himmel: Hält das Wetter?

Adresse Bleichhäusle am Kuhberg, Wacholderweg, 89188 Merklingen | **ÖPNV** Buslinie 30 Ulm-Bad Urach, Linie 360 Geislingen-Laichingen, über die Haupt- und Bahnhofstraße bis zum Wacholderweg, dann noch 200 Meter Fußweg bis zum Bleichhäusle | **Öffnungszeiten** 1. Sonntag im Monat und an Feiertagen (Ostern–Oktober) | **Tipp** Das nahe Laichingen war über Jahrhunderte eines der Zentren der Leinenweberei und des Weberhandwerks in Württemberg. Das Weberei- und Heimatmuseum informiert über Weberei, vom Flachsanbau über die Verarbeitung bis hin zu nach gebauten Räumen typischer Weberhäuser. Weite Straße 41, 89150 Laichingen, Tel. 07333/21279, Öffnungszeiten: 1. Sonntag im Monat und an Feiertagen (Ostern–Oktober).

64 Die Outletcity

Weinbautradition und Shopping-Mekka

Metzingen kann sich nicht nur einer langen Weinbautradition rühmen, das Städtchen ist auch Keimzelle und heimliche Hauptstadt des modernen Outlet-Shoppings. Und noch immer auch die Heimatstadt von Hugo Boss und damit eines von vielen Beispielen für typisch schwäbische Erfolgsgeschichten.

Die Anfänge der Outletcity sind eng verknüpft mit dem Namen des Textilherstellers Boss, der in den 1970er Jahren den weltweit ersten (!) Fabrikverkauf eröffnet hat. Kurzum: In Metzingen beginnt die Ära der Schnäppchenjagden. Millionen Shopper machen Metzingens Outletcity zur zahlenmäßig bedeutsamsten Attraktion der gesamten Region. Heute finden sich in Metzingen rund 100 schicke Outlet-Stores internationaler Marken, von Armani, Adidas und Converse über Burberry, Escada, Bottega Veneta, Etro und Max Mara bis Zegna, Windsor, Gucci. Nicht zu vergessen der europaweit größte Hugo-Boss-Shop (6.000 Quadratmeter). Eiligen Kunden weist eine App den kürzesten Weg zu den Outlets.

Besonders ist jedoch das durchaus weltstädtische Ambiente mit anspruchsvoller, moderner Architektur, das alljährlich um weitere Aus- und Neubauten erweitert wird. Es entstehen neue Gebäude, Gastronomie-Angebote und zwei Hotels, damit sich das Shoppingglück auf mehrere Tage ausdehnen lässt. Dann sollte Zeit sein, die pittoreske Altstadt Metzingens zu entdecken. Trotz der Shopaholics aus aller Herren Länder, die von den Parkplätzen am Ortsrand mit Shuttlebussen herangekarrt werden, macht es noch immer Spaß, durch die Altstadtgassen zu bummeln und im Gasthaus Schwanen auf g'schmälzte Maultaschen einzukehren.

Wahrzeichen der Stadt ist der Platz der sieben Keltern, ein weltweit einzigartiges bauhistorisches Ensemble. Dort und in der Herrschaftskelter mit Weinbaumuseum lassen sich 850 Jahre Weinbautradition nachspüren und in der Vinothek verkosten – und kaufen –, was die Metzinger Winzer heute auf Flaschen ziehen.

Adresse Reutlinger Straße 63, 72555 Metzingen, Tel. 07123 / 1789978, www.outletcity.com |
Anfahrt B 28 und B 312, Abfahrt Metzingen und der Beschilderung »Outletcity« folgen |
ÖPNV vom Bahnhof Metzingen zu Fuß 10 Minuten | **Öffnungszeiten** Mo–Fr 10–20 Uhr,
Sa 9–12 Uhr | **Tipp** Der idyllisch gelegene Stadtteil Glems ist berühmt für sein Obst, daher
ist es auf den Streuobstwiesen während der Baumblüte besonders schön.

65 Die Blumenstadt

Mössinger Sommer sind bunt

Der Schwabe neigt bekanntermaßen nicht zur Verschwendung. Deshalb sprechen für die bunt blühenden Verkehrsinseln und Straßenränder der am Albtrauf gelegenen Blumenstadt Mössingen gute Gründe: Das »Einheitsgrün« sollte weg, die Kommune wollte häufiges Mähen und damit Kosten sparen. Es schlug die Stunde der Stadtgärtner, allen voran die des damaligen Chefs Dieter Felger: Sie holten mit ihren Ideen die Vielfalt der Streuobstwiesen in die Stadt und ließen diese bunt aufblühen.

Schon seit 1992 säen die Mössinger Stadtgärtner auf öffentlichen Grünflächen und an Straßenrändern Sommerblumen aus. Sie waren die Ersten, die ihre Stadt derart konsequent bunter machten, und gewannen 2001 sogar die Goldmedaille bei einem bundesweiten Wettbewerb. Inzwischen ist Mössingen seiner vielen Blumenwiesen und farbenfrohen Straßenränder wegen weithin als Blumenstadt bekannt und hat seine eigene florale Tradition begründet.

Ob an der B 27 nach Bad Sebastiansweiler, auf Verkehrsinseln oder mitten im Ort: Der bunte Bewuchs wechselt mit den Jahreszeiten.

Das Schöne daran: Solche bunten »Mössinger Sommer« können überall stattfinden – eine Samenmischung mit diesem Namen ist zum Verkaufsschlager avanciert. Sie blüht ein- oder zweijährig am Bodensee, an der Nordsee und sogar in Dubai und Kanada. Die von Hobbygärtnern und Gartenprofis gleichermaßen geschätzte Saatgutmischung Original Mössinger Sommer® wird zwar oft kopiert, aber nie erreicht: Das Original gilt nach wie vor als die beste Sommerblumenmischung am Markt. Und sie wird ständig weiter verbessert. Dafür bürgt die Saatgut-Manufaktur Daniela Felger, der die Stadt Mössingen die exklusive Herstellung und Vermarktung des Original Mössinger Sommer®-Mischung übertragen hat (www.saatgut-manufaktur.de). Heute ist die Stadt mit ihren »Sommerblumen-Ansaaten« für viele Kommunen Vorbild.

Adresse 72116 Mössingen, Tel. 07473 / 370-121 (Tourismus), Tel. 07473 / 271735, www.moessingen.de | **Anfahrt** an der B 27 zwischen Reutlingen und Hechingen | **Tipp** In der Historischen Messerschmiede, Hirschgasse 13, werden an den Öffnungstagen (Mai–Okt. jeweils 1. So eines Monats 14–17 Uhr) traditionelle Techniken der Messerherstellung und die Kunst des Messerschleifens gezeigt.

66 Der Mössinger Bergrutsch

Acht Millionen Tonnen Erde und Geröll

Es ist ein nebliger, regnerischer Morgen, als am Hirschkopf ein bewaldeter Steilhang in Bewegung gerät. Innerhalb weniger Stunden rutschen vier Millionen Kubikmeter Erde und Geröll mit einem Gewicht von schätzungsweise 700.000 beladenen Lastwagen hinab. Der größte Bergrutsch seit mehr als 100 Jahren in Baden-Württemberg, verursacht durch anhaltenden Regen, ereignete sich am 12. April 1983 am Albtrauf bei Mössingen und hat den einstmals bewaldeten Albtraufabschnitt in eine nackte Steilwand mit riesigen Schollenabbrüchen verwandelt.

Am Tag danach trauen die Mössinger ihren Augen nicht. Wo einst dichter Wald stand, war eine riesige vegetationslose Steinwüste (»Kieswüste«) mit meterhohen Schutthügeln und Tausenden ineinander verkeilten und entwurzelten Bäumen entstanden. Anfangs machte das betroffene Gelände eine Fläche von 25 Hektar aus. Schon zwei Wochen später war es doppelt so groß: 50 Hektar, die Fläche von rund 70 Fußballfeldern. Es ist noch immer nicht ganz zum Stillstand gekommen und hat sich auf derzeit knapp 80 Hektar ausgedehnt.

Heute kann man hier studieren, wie ein völlig zerstörtes Gebiet von der Tier- und Pflanzenwelt wiederbesiedelt wurde und wie der natürliche Verdrängungseffekt Aussehen und Landschaftsbild des Naturschutzgebiets erneut verwandelt.

Das Bergrutschgelände darf man nur auf einem kleinen Rundwanderweg betreten. Es sei denn, man ist mit Armin Dieter unterwegs. Der Mössinger Naturfotograf und Autor erläutert bei Führungen und Vorträgen das Geschehen unter anderem anhand großformatiger Fotos. Er hat die Entwicklung des Geländes vom ersten Tag an dokumentiert und vier Bücher darüber verfasst. Dank seiner Aktivitäten kürte die Akademie der Geowissenschaften Hannover das Gebiet des Mössinger Bergrutsches zum Nationalen Geotop (einem von derzeit 77 in ganz Deutschland).

Adresse 72116 Mössingen, Tel. 07473/6830 (Armin Dieter), www.alberlebnis.de | **Anfahrt** vom Ortsteil Talheim aus auf der Steinlachstraße (L 385), auf der Andeckallee am Vereinsheim TSV Talheim vorbei | **Öffnungszeiten** Führungen: Mai–Okt. jeden 1. Sonntag 14–16.30 Uhr und nach Vereinbarung | **Tipp** Die Salmendinger Kapelle auf dem Kornbühl (887 Meter), Auffahrt bei Talheim, bietet eine herrliche Rundumsicht, bei schönem Wetter bis zu den Alpen.

67 — Der Rosenpark

Blühender Wildgarten – Rosen auf Müll

Die Deponie am Nehrener Gässle war ein karger Ort. Bis zu 30 Meter hoch türmte sich der Müll auf der »Mössinger Schütte«. Schrittweise gestaltet, mit Bäumen, Sträuchern und Rosen bepflanzt, hat sich die Brache seit 1993 zu einem Kleinod entwickelt. Heute ist das 6,7 Hektar große Gelände üppig bewachsen, mit mehr als 2.500 Bäumen, Sträuchern und sanft kontrolliertem Wildwuchs. Hinzu kommen über 400 Rosenstöcke und Hunderte Wildrosen verschiedenster Arten. Ein Augenschmaus.

Zu danken hat Mössingen seinen Rosenpark dem pensionierten Arzt Hartmut Gaebele und seiner Frau Sibylle. Mit Erlaubnis der Stadt begann das Ehepaar vor nunmehr 25 Jahren mit der Rekultivierung der ehemaligen Mülldeponie. Das Startkapital war bald aufgebraucht, seither finanzieren die Gaebeles Pflanzung und Pflege fast komplett aus eigener Tasche. Tausende Arbeitsstunden haben sie in den naturnahen Rosenpark gesteckt. Im »Zauberwald« am nordwestlichen Rand der Deponie haben Tamariske, Flieder, Zieräpfel, Weißdorn, Feuerdorn, Korkenzieherweiden, Kastanien und vieles mehr ausgetrieben. Dort ist alles erwachsen aus Grünschnitt, also gehäckselten Abfällen aus Privatgärten.

Seit die Gaebeles auch noch begonnen haben »aufzumöbeln«, stehen ausrangierte Einrichtungsgegenstände auf der Wiese. Die Natur nimmt's sich zurück. So wuchern Efeu und Seifenkraut, blühen Rizinus und Nelken in der Kloschüssel, und aus dem Bettgestell wachsen Nachtkerze, Taglilie und Schlafmützchen. Die »Möbel-Müll-Kunst« erinnert ironisch daran, was alles unter den Rosen im Müllberg verborgen ist.

Inzwischen sind die Pflanzungen weitgehend abgeschlossen. Ein öffentlicher Park kann das Gelände allerdings – noch – nicht werden. Denn bis auf Weiteres wird hier Methangas für ein Blockheizkraftwerk gefördert. Umpflanzte »Gasdome« – Absaugrohre, die an Brunnen erinnern – ragen aus dem Boden heraus.

Adresse Nehrener Gässle, 72116 Mössingen, www.moessingen.de | **Anfahrt** auf der B 27 Tübingen–Hechingen bis Mössingen, am Nordring-Kreisel Richtung Freibad/Nehrener Gässle | **ÖPNV** Bus 7615 (Gomaringen) bis Mössingen-Freibad | **Öffnungszeiten** Besichtigungstermine per E-Mail an zwiebel43@web.de (Sibylle Gaebele) | **Tipp** In der Mössinger Kulturscheune in der Brunnenstraße werden Ausstellungen zur Geschichte der Stadt präsentiert. Dort hat sich das Cafe »Chamäleon« etabliert, betrieben vom Förderverein; mit selbst gebackenen Kuchen und regionalen Spezialitäten, dazu regelmäßigen Kulturfrühstücken und -abenden, Tel. 07473/272011.

68 Der ehemalige Truppenübungsplatz

Schafe statt Panzer

Wo bis zum Jahr 2005 Panzer übers Gelände bretterten, Soldaten durch Schlamm robbten und – zur Übung – scharf geschossen wurde, ist Ruhe eingekehrt. Der ehemalige Truppenübungsplatz (TrÜP), 1895 von »König Wilhelm II. von Gottes Gnaden« begründet, ist mit seinen 67 Quadratkilometern heute Herzstück des 85.000 Hektar großen Biosphärengebiets Schwäbische Alb.

110 Jahre lang war das Areal militärischer Sperrbezirk und blieb von Straßenbau, Siedlungen und Flurbereinigung weitgehend unberührt. Gut und gern 30.000 Schafe, betreut von 16 Schäfereien, bewahren heute eine Weidelandschaft, wie sie im 19. Jahrhundert für die Albhochfläche charakteristisch war. Doch sie ist gespickt mit militärischen Hinterlassenschaften. Was etwa wie ein normaler Steinbruch aussieht, diente den Militärs als Kugelfang.

Daher dürfen sich Besucher nur mit speziell ausgebildeten TrÜP-Guides abseits der offiziellen Wege (45 Kilometer) aufhalten. Wer auf eigene Faust übers Gelände streift, tut gut daran, sich vorab im Biosphärenzentrum im Alten Lager (siehe Ort 71) zu informieren. Es geht durch eine offene Landschaft mit bewaldeten Kuppen und Trockentälern. Das beste Panorama versprechen vier Aussichtstürme. Ihr höchster ist der »Hursch«. Er misst stolze 42 Meter und ist nichts für Seekranke: Beim Besteigen gerät er tüchtig ins Schwanken.

Einige Blattschüsse abbekommen hat der Wetterhahn der Gruorner Kirche, der heute im ehemaligen Gotteshaus steht. Überhaupt Gruorn: 1939 wurden die damaligen Bewohner des Dorfes durch das Militär »ausgesiedelt«. Heute stehen dort – immerhin 790 Meter über dem Meer – nur noch die Stephanus Kirche, die dank alter Gruorner Bürger erhalten blieb, und das historische Schulhaus. Dort ist im ersten Stock ein kleines Museum eingerichtet. Im Café kann man dem verschwundenen Dorf gedenken.

Lebensgefahr!

Absolutes Betretungsverbot außerhalb der markierten Wege ◆

Das gesamte Gelände ist mit Munition und sonstigen Kampfmitteln belastet

Bundesanstalt für
Immobilienaufgaben
Der Eigentümer

Adresse Eingang zum Beispiel am Böttinger Bahnhöfle an der K 6769, 72525 Münsingen, Tel. 07381 / 93293831 (Biosphärenzentrum), www.muensingen.de | **Anfahrt** Rund um den ehemaligen TrÜbPl (Truppenübungsplatz) gibt es mehrere Einstiege (Zugänge), meist mit Parkplatz. | **ÖPNV** Vom Bahnhof umrundet der Biosphärenbus von Mai bis Ende Okt. an So und Feiertagen drei Mal täglich den ehemaligen Truppenübungsplatz Münsingen. Kostenlos! | **Öffnungszeiten** Gelände ist jederzeit zugänglich | **Tipp** Die Schienenbusse der Schwäbischen Alb-Bahn verkehren von Mai bis Oktober an Sonn- und Feiertagen zwischen Münsingen und Engstingen oder durchs Schandental bis Schelklingen und zeigen die Alb von ihren schönsten Seiten.

69 — Die Familienschäferei

Von Schäfern und Schafen

Die Schwäbische Alb ohne Schafe ist so undenkbar wie der Schwarzwald ohne Tannen. Schafe gehören zum Bild der Alb und sind zugleich ihre wichtigsten Landschaftspfleger: Da sie auf den Heideflächen junge Baumtriebe abknabbern, schützen sie die Flächen vor der Verbuschung und halten so indirekt den sich ausbreitenden Wald in Zaum. Doch durch Flurbereinigung, Straßenbau und Besiedlung werden die Weideflächen immer knapper, was die Wanderschäferei erschwert. Deshalb überwiegt inzwischen die sogenannte »stationäre Hütehaltung«, bei der die Schafe im Winter im Stall gehalten und mit Heu gefüttert werden.

Die große Zeit der Schäferei auf der Alb war im 19. Jahrhundert. Schafwolle war in der aufblühenden Textilindustrie begehrt, Wollschaf-Schäfer konnten auskömmlich leben. Mittlerweile ist die Zahl der Schafe auf der Alb auf derzeit 100.000 Tiere gesunken. Noch vor 100 Jahren waren es sechsmal so viele. Grund sind die niedrigen Preise für Lammfleisch und Schafwolle, die durch Importe aus dem Ausland bestimmt werden. Der Verkauf der Wolle deckt heute kaum die Kosten für die Schur. Viele Schäfer haben deshalb auf Fleischverkauf in Selbstvermarktung umgestellt: Mit »Marken« wie Alblamm, Ostalblamm oder Württemberg Lamm machen sie auf die hohe Qualität ihrer Erzeugnisse aufmerksam und binden als »Multiplikatoren« Gastronomen, Metzger und andere Wiederverkäufer ein. Trotzdem wären die Betriebe ohne staatliche Förderprogramme wohl nicht überlebensfähig.

Der Münsinger Stadtschäfer Gerhard Stotz setzt auf zwei Standbeine: Wolle und Fleisch. Bei seiner Herde achtet er seit Jahren auf gute Qualität beider Produkte und vermarktet Fleisch unter seinem Namen als »Stotz Lamm«. Die Wolle seiner Merino-Landschafe verarbeitet Albmerino in Gächingen zu schicker Mode. Stotz' Herden weiden auf den Kalkmagerrasenflächen des früheren Truppenübungsplatzes in Gruorn bei Münsingen. Gern nimmt der Schäfer Interessierte mit auf eine Wacholderheidewanderung (siehe Ort 104).

Adresse Familienschäferei Stotz, Auf der Viehweide, 72525 Münsingen, Tel. 07381/1414, www.schaefer-stotz.de | Anfahrt Die Schäferei Stotz liegt auf halber Strecke zwischen Münsingen und Buttenhausen, unweit der K 6769. | Tipp Der Luftsportverein Münsingen-Eisberg bei Dottingen ist ein »lebendiges Museum mit Technik zum Anfassen« und veranstaltet alljährlich am 1. Mai das Oldtimer- und Dampfmaschinenfest auf dem Fluggelände.

70_ Die Hopfenburg

Schäferstündchen im Schäferwagen

Mit der Hopfenburg wurde ein alter Bauernhof aus seinem Dornröschenschlaf erweckt und nach historischen Vorlagen restauriert. Entstanden ist eine Campinganlage der besonderen Art. Mitten in Streuobstwiesen und Wacholderheiden des Naturreservates »Beutenlay« liegt das Hofgut, mit Blick auf Münsingen und die Kuppen der Alb. Auf zehn Hektar gibt es drei große Weiher, alte Hofgebäude, einen Naturcampingplatz und einen Kräutergarten mit über 300 verschiedenen Kräuterarten. Auf den Wiesen darf man Wohnwagen oder mitgebrachte Zelte aufstellen. Spannender sind aber die Alternativen: Indianer-Tipis, kirgisische Jurten, Zirkuswagen und Roulottes, mit denen einst fahrendes Volk übers Land gezogen ist. Die Rezeption bittet zur Ankunft mit Aha-Effekt: Neuankömmlinge werden im Zirkuswagen empfangen.

Urlaub auf der Hopfenburg ist Urlaub auf dem Bauernhof von anno dazumal. Nach dem Vorbild eines Arche-Hofs werden seltene Haustierrassen gehalten. Waldschafe mit gezwirbelten Hörnern teilen sich den Stall mit Poitou-Esel, Kühen und einer Katzenfamilie. In den alten Stallungen finden sich Bruthöhlen für seltene Fledermausarten.

In der Küche und im Stall gibt es immer was zu tun. Ein Dutzend Mitarbeiter kümmert sich um Gäste, Tiere und die weitläufige Anlage. Unterstützt werden sie von behinderten Jugendlichen, denn die Gemeinschaft des Hofguts Hopfenburg versteht sich als integratives Projekt. Ein Teil der Stallungen wurde zu Werkstätten, Seminar- und Festräumen umgebaut. Weil zum Urlaub mehr gehört als nur eine schöne Unterkunft, können Gäste unter fachkundiger Anleitung Bekanntschaft mit alten Handwerkstraditionen wie Filzen, Bogenbauen oder Korbflechten machen.

Die 1840 erbaute »Hopfen«-burg trägt ihren Namen nicht ohne Grund: Hier wurde einst Hopfen für die vielen Kleinbrauereien auf der Schwäbischen Alb angebaut.

Adresse Hofgut Hopfenburg, Hopfenburg 12, 72525 Münsingen, Tel. 07381/93119311, www.hofgut-hopfenburg.de | **Anfahrt** Das Hofgut liegt am südlichen Ortsrand von Münsingen an der B 465. | **ÖPNV** Bus 345a aus Bad Urach bis Münsingen Bahnhof, dann 1 Kilometer Fußweg (oder Taxi) | **Öffnungszeiten** ganzjährig geöffnet, Rezeption Büro Mo−So 9−12 und 15−18 Uhr | **Tipp** In Buttenhausen, von Münsingen über die K 6769 zu erreichen, kann man auf den Spuren des Flug(fahr)radbauers und Visionärs Gustav Mesmer wandeln. Der »Ikarus vom Lautertal« (www.gustavmesmer.de) war 35 Jahre zu Unrecht in der Psychiatrie eingesperrt, versuchte aber immer weiter, seinen Traum vom Fliegen wahr zu machen. Im Café Ikarus an der Wasserstetter Straße 4, Tel. 07383/943242, sind einige seiner Konstruktionszeichnungen zu sehen.

71 Das Biosphärengebiet

Altes Lager und Albgut

Was haben Ayers Rock, die Everglades, der Grand Canyon, das Wattenmeer und die Schwäbische Alb gemeinsam? Sie alle sind UNESCO-Biosphärenreservate und somit Modellregionen für nachhaltige Entwicklung. Die Mittlere Schwäbische Alb gehört seit 2009 dazu, als erste im Ländle.

Das etwa 85.000 Hektar große Biosphärengebiet Schwäbische Alb erstreckt sich zwischen Weilheim an der Teck im Norden, Zwiefalten im Süden, Schelklingen im Osten und Reutlingen im Westen. In gerade mal sechs Schritten kann man es durchschreiten. Allerdings nur auf dem begehbaren Luftbild des Biosphärengebiets im Boden des informativen Besucherzentrums. Initialzündung zum Biosphärengebiet gab der Abzug der Bundeswehr im Jahr 2005. Heute ist der ehemalige Truppenübungsplatz (siehe Ort 68) mit seinen 67 Quadratkilometern Herzstück des Gebiets.

Seither herrscht allerorten Aufbruchsstimmung, und es sind unzählige regionale Projekte zur Ankurbelung von Tourismus und Wirtschaft entstanden. Großes entwickelt sich im ehemaligen »Alten Lager« mit seinen 72 Hektar Fläche und rund 150 (!) denkmalgeschützten Gebäuden der Militärs. Mit dem »Albgut« weckt die Familie des Nudelunternehmers Franz Tress das frühere Militär-Ensemble aus dem Dornröschenschlaf und führt die historischen Gebäude zu neuem Leben, weitab der militärischen Ursprünge. Regionalität und Nachhaltigkeit, Kunst und Kultur spielen bereits jetzt entscheidende Rollen. Mehrere Eventlocations, Hotelzimmer in ehemaligen Offiziersunterkünften, ein Albmaler-Museum sind schon in Betrieb, ebenso das Café Königliche Post sowie mehrere gläserne Manufakturen für die Herstellung von Seife über Strickwaren bis Öl, Essig und Nudeln. Trauungen im Grünen, in der Franziskuskapelle oder im Rittersaal sind schon jetzt »der« Renner. Albgut-Führungen mit den Alb-Guides finden jeden 1. und 3. Sonntag im Monat um 14 Uhr statt (siehe Ort 105).

Adresse Biosphärenzentrum, Biosphärenallee 2–4, 72525 Münsingen-Auingen, Tel. 07381 / 932938131, www.biosphaerengebiet-alb.de | **Anfahrt** von B 465 / L 230 bis Münsingen-Zentrum, dann der Hauptstraße bis zum Biosphärenzentrum gegenüber vom Gasthaus Schützenfolgen | **ÖPNV** Bus 335 bis Haltestelle Auingen Biosphärenzentrum und drei Gehminuten bis Biosphärenzentrum | **Öffnungszeiten** Nov.–März Mi–Mo 11–17 Uhr; April–Okt. Mi–Mo 10–18 Uhr | **Tipp** Im Gasthaus Herrmann in der Innenstadt kommen schmackhafte Gaumenkitzel aus Produkten der Alb auf die Teller. Hotel Gasthof Herrmann, Marktplatz, 72525 Münsingen, Tel. 07381 / 18260, www.hotelherrmann.de

72 Der Schneckengarten

»Schwäbische Austern« vom Feld

In ihrem Heimatort ist Rita Goller als »die Schneckenfrau« bekannt. Die »Chefin« eines nach historischem Vorbild angelegten Schneckengartens hat die uralte Tradition wiederbelebt. Was als Arme-Leute-Essen, aufgelesen am Wegesrand, begann, avancierte im Mittelalter zur Delikatesse. Jahrhundertelang war die Schwäbische Alb eine Hochburg in Sachen Schneckenzucht und Schneckenhandel, die Weinbergschnecken (*Helix pomatia*) ein Exportschlager. Auch Mönche fanden Geschmack an der Schnecke, da sie, nicht Fisch, nicht Fleisch, den Gaumen auch in der Fastenzeit erfreuen konnte.

Man nennt sie liebevoll »Schwäbische Auster«, weil sie rar und teuer ist. Doch die für die Alb typische Deckelschnecke ist inzwischen nicht nur rar, sondern vom Aussterben bedroht. Um sie zu retten, legte Rita Goller 2004 ihren Schneckengarten an. Heute leben in drei Beeten auf 3.000 Quadratmetern rund 40.000 Deckelschnecken, die Goller Besuchern mit Geschichte und Geschichten näherbringt. Der Anfang war mühsam. Zwei Jahre lang hat sie auf der Alb »wilde« Helix pomatia gesammelt und geduldig deren Vermehrung abgewartet. Eine echte »Albschnecke« legt erst im dritten Lebensjahr Eier, 25 bis 60 Stück, und lebt mindestens vier Jahre in ihrem geräumigen Beet. Gefüttert wird mit frischen Kräutern, Salat, Raps und Wildpflanzen. Sobald sich Gollers Lieblinge zum Winterschlaf in ihr Schneckenhaus eingerollt und die »Haustür« per Kalkdeckel verschlossen haben, meist im November, ist der ideale Zeitpunkt für die »Ernte« gekommen: Dann sind sie vom guten Sommerfutter schön fett gefressen, und ihr Fleisch hat jenen dezent nussigen Geschmack, der Feinschmecker zum Schwärmen bringt. Denn im Gegensatz zur weitverbreiteten Sorte Helix aspersa, die bereits nach einem Jahr »geerntet« wird, sind Deckelschnecken ein echtes Saisonprodukt, das Goller an regionale Gastronomen vermarktet. Allerdings: Mehr als 20 Stück sollte man nicht auf einmal essen. Schnecken enthalten viel Eiweiß, was nicht jeder verträgt.

Adresse Schlehenweg 11, 72525 Münsingen-Rietheim, Tel. 07381 / 4781, www.albschneckler.de | **Anfahrt** Der Garten ist nur mit Führung zugänglich. | **Öffnungszeiten** Führungen nach telefonischer Absprache | **Tipp** Weitere Schnecken-gärten nach historischem Vorbild gibt es auf der Schwäbischen Alb im Bauernmuseum Beuren und in Indelhausen-Weiler im Lautertal.

73 Die Kugelmühle

Das rundeste Rund kommt aus der Mühle

Murmeln gelten als das älteste Spielzeug der Welt. Man verschenkte sie als Glücksbringer, denn sie brachten Beschenktem und Schenkendem Glück. In Neidlingen steht eine Kugelmühle, in der seit 2005 das in Vergessenheit geratene Handwerk wieder auflebt: So wie hier wurden schon zu Zeiten unserer Urgroßväter Kugeln und Murmeln hergestellt. Allein mit Wasserkraft wird einheimischer Stein – Juramarmor oder »Württembergischer Marmor« – rund gemahlen oder besser: gerollt. Dabei wird das gestaute Wasser des Seebachs über Rinnen auf einen mit Flügeln versehenen Teller geleitet, der sich dadurch dreht. Darunter befindet sich ein im Bachbett verankerter Mühlstein mit Rillenprofil. Dasselbe Profil hat auch die Innenseite des Drehtellers. Zwischen beiden Profilreihen werden die grob vorbereiteten Steine durch die Drehbewegung zu Kugeln geschliffen, wie man sie von Hand niemals in dieser Präzision fertigen könnte.

Wer hätte gedacht, dass Vollmond die Mühlen bremst und dass Steinkugeln unter linksdrehenden Mühlrädern einen Tick schneller fertig werden als unter rechtsdrehenden? Kugelmüller Stefan Metzler, ein Agraringenieur, ist jeden Sonn- und Feiertag vor Ort, erklärt seine Arbeit und beantwortet Fragen über das Projekt, die unterschiedlichen Steinarten der Gegend und verkauft Kugeln in verschiedenen Größen und Farben.

Bei schlechtem Wetter ist er in seiner Murmelmanufaktur und Werkstatt 30 Meter bachaufwärts zu finden. Hier werden die Rohlinge für die Mühle hergestellt und die fertigen Stücke für den Verkauf poliert. Im Winter ist hier Hochsaison, denn kaltes Wasser ist dichter und schwerer als warmes, und so laufen die Mühlen dann mit besonderer Kraft und deutlich schneller. Ist das Wasser allerdings kälter als vier Grad oder gefroren, steht die Mühle still.

Die Mahlwerke der Kugelmühle drehen sich unter freiem Himmel, ohne Dach und Wände, man kann sie also auch anschauen, wenn sie nicht »arbeiten«. Dann sind sie allerdings wenig spektakulär.

Adresse Gießenstraße 12, 73272 Neidlingen, Tel. 0160/3287450, www.kugelmuehle-neidlingen.de | **Anfahrt** A 8 Stuttgart–München, Abfahrt Weilheim-Teck/Aichelberg, in Weilheim an der Ampel (Aral-Tankstelle) links in die Hauptstraße, geradeaus den Schildern nach Neidlingen 4 Kilometer folgen, nach der Sparkasse links in die Gießenstraße abbiegen | **ÖPNV** Bus 170, 174, 177, Haltestelle Neidlingen-Mitte | **Öffnungszeiten** So und Feiertage 11–17 Uhr (Ruhetag am jeweils 4. So im Monat) | **Tipp** Den Besuch der Mühle kann man mit einer Wanderung zur Ruine Reußenstein, dem Heimenstein und dem Neidlinger Wasserfall kombinieren. Zur Kirschblüte verwandelt sich das Neidlinger Tal in ein einziges Blütenmeer. Neidlinger Kirschen sind berühmt!

74__ Die Härtsfeldbahn

Schnaufend über die Hochebene rattern

Die wohl bekannteste Version des Volkslieds »Auf de Schwäb'sche Eisenbahne« lässt einen schwäbischen Bauern ziemlich alt aussehen. Um Fahrgeld zu sparen, band dieser seinen Geißbock an den Eisenbahnwagen, damit das Tier dem fahrenden Zug hinterherlaufe. Bei der Ankunft in Durlesbach fand der »schlaue« Bauer jedoch nur noch den Kopf seines Böckleins vor.

Ein Ruhmesblatt schwäbischer Findigkeit und Ausdauer ist dagegen die Renaissance der »Schättere«. So heißt im Volksmund die Härtsfeldbahn, die seit 2001 dank aktiver Ehrenamtler jeden ersten Sonntag im Monat wieder über ihre Schmalspurgleise rattert. In restaurierten Originalfahrzeugen geht es vom Bahnhof Neresheim bis zur Sägmühle im Egautal – und zurück.

Die Härtsfeldbahn im östlichsten Zipfel der Alb galt stets als eine der spektakulärsten Bahnlinien in Deutschland und Prototyp der schwäbischen Eisenbahn. Ab 1901 überwand sie von Aalen aus wie eine Gebirgsbahn die Ostalb und schnaufte sich aufs 650 Meter hohe Hochplateau. Hier oben führte die Fahrt durch Wälder, vorbei an Wacholderheiden und Getreidefeldern bis nach Neresheim. An Streckenkilometer 28,1 lag hier der Betriebsmittelpunkt, die »Centralstation«, etwa auf halber Strecke zwischen Aalen und Dillingen. 1972 war Schluss, die Bahn wurde eingestellt, ihre Gleise abgebaut.

Das wollten Bahnfreunde aus dem nahen Unterkochen nicht hinnehmen. Um die Erinnerung an die »Härtsfeld-Schättere« wachzuhalten, gründeten sie 1985 einen Verein und eröffneten ein Jahr später das Härtsfeldbahn-Museum im Neresheimer Bahnhof. 2001, zum 100. Geburtstag der Bahn, wurde ihr geradezu tollkühner Plan Wirklichkeit und das erste, drei Kilometer lange Teilstück in Betrieb genommen. Die Arbeiten am zweiten Teilstück (circa 2,6 Kilometer) bis zum Härtsfeldsee sind in Gang. Im »rollenden Museum« erleben Hobby-Eisenbahner schon jetzt das Flair einer Zugfahrt über die Karsthochfläche wie vor etwa 50 Jahren.

Adresse Dischinger Straße 11, 73450 Neresheim, Tel. 07326/5755 (an Betriebstagen) oder 0172/9117193 (Kartenreservierung), www.hmb-ev.de | **Anfahrt** A 7 Würzburg–Ulm, Abfahrt Aalen/Oberkochen, den Schildern nach Neresheim folgen, der Bahnhof liegt direkt an der Dischinger Straße (L 2033) | **ÖPNV** in Aalen Bussteig 7 bis Neresheim »Post« | **Öffnungszeiten** Mai–Okt. jeden 1. Sonntag im Monat und an bestimmten Feiertagen | **Tipp** Erhaben auf dem Ulrichsberg thront die im Jahr 1095 gegründete Benediktinerabtei Neresheim. Die spätbarocke Abteikirche hat Balthasar Neumann entworfen, www.abtei-neresheim.de.

75_ Die Köhlerei

Rauchende Kamine – schwarzes Gold

Schon die Kelten stellten auf dem Härtsfeld Holzkohle her. Einst qualmte in jeder Ortschaft ein Kohlenmeiler. Heute pflegen nur noch eine Handvoll Köhler diese 1.000 Jahre alte Handwerkskunst auf der Alb. Das »Schwarze Gold« wurde seit dem Mittelalter wegen des hohen Heizwerts in Schmieden, bei der Eisenverhüttung und für die Glasproduktion genutzt, heute hauptsächlich für Grillkohle.

Marcus Waldinger betreibt seine Köhlerei etwa zehnmal im Jahr. Zwischen Mai und Oktober unterhält er aktive Meiler. Dann wird Buchen- oder Eichenholz – »nur Hartholz, das Feinste vom Feinen« – nach allen Regeln des Köhlerhandwerks zu Kohle verbrannt. So ein Meiler hat einen komplizierten Aufbau. Das aufgeschichtete Hartholz wird mit einem Gemisch aus Erde und Kohlenstaub abgedichtet. Nachdem der Meiler entzündet ist, wird er verschlossen, und es beginnt der Prozess des Verkohlens. Alles andere geht – fast – von selbst. Die Kunst des Köhlers besteht darin, über mehrere Tage hinweg stets die richtige Menge Sauerstoff zuzuführen. Diese braucht der Meiler, um weder zu erlöschen noch zu schnell abzubrennen. An der Farbe des aufsteigenden Dampfes erkennt der erfahrene Köhler, was er zu tun hat. Kein Wunder, dass ein Köhler seinen Meiler während der Brenndauer von mehreren Tagen nicht aus den Augen lässt. Sein Quartier bezieht er dann in einer Hütte neben dem Meiler.

Waldingers Meiler qualmt nicht mehr im Naturschutzgebiet »Zwing« bei Neresheim. Außerhalb des Dorfs hat Waldinger einen wunderschönen Ort mit einer alten Hütte gefunden. Ein Idyll wie vor 100 Jahren, als die Köhlerei noch Haupterwerb vieler Familien war.

Der Meiler liegt an gut geschützter Stelle, »denn die Luftzufuhr muss stimmen, das Holz darf nicht zu schnell verkohlen«. Fünf bis sechs Tage glimmt das Holz vor sich hin. Die Grillkohle direkt vom Meiler zeichnet sich durch einen höheren Brennwert aus, hat einen Kohlenstoffgehalt von 90 Prozent, verbrennt rückstandsfrei und geruchlos, und kann man an Ort und Stelle kaufen.

Adresse Köhlerei Marcus Waldinger, Dossinger Weg 21, 73450 Neresheim, Tel. 07326/963703 (Köhler) und 07326/8149 (Tourist-Information Neresheim) | **Anfahrt** an der L 2033 Wanderparkplatz Steinmühle, dann den Schildern folgen, circa 25 Gehminuten | **Öffnungszeiten** Mai–Okt. zehn Termine, weitere Informationen telefonisch erfragen | **Tipp** Der Verkehrslandeplatz in Aalen-Elchingen ist in Fliegerkreisen als der schönste Flugplatz Süddeutschlands bekannt. Für Nichtflieger ist es ein Erlebnis, dem Flugbetrieb zuzuschauen.

76 Der Hohenneuffen

Wie einst die Rittersleut'

Es ist sehr wahrscheinlich, dass die Herren des Hohenneuffen oft und gern dem süffigen »Täleswein« zugesprochen haben, der seit 1239 in Neuffen-Kappishäusern angebaut wird. Bestandslisten aus dem 16. Jahrhundert weisen auf der Burg einen Weinvorrat von 30.000 Litern aus, und das, obwohl die Burgbesatzung nur 20 Mann zählte.

Die Burg Hohenneuffen thront seit 1140 über der Stadt, auf einem 743 Meter hohen Felsmassiv. Kein ungebetener Besucher konnte sich ihr unbemerkt nähern. Heute sind Besucher indes gern gesehen. Wer die Wanderung vom Waldparkplatz (20 Minuten) und den kurzen Aufstieg geschafft hat, wird bei gutem Wetter mit einer atemberaubenden Fernsicht bis zur Schwarzwaldhochstraße belohnt.

Anekdoten und Geschichten gibt es über die größte Burgruine Süddeutschlands viele. Anno 1792 zog der letzte Kommandant der Burg Hohenneuffen aus seiner baufälligen Wohnstatt in der Festung nach Kirchheim hinunter. Damals schrieb er seinem Vorgesetzten Carl Eugen, dem zwölften Herzog von Württemberg: »Am Hohenneuffen nichts Neues vorgefallen.« Darauf soll der Herzog cool bemerkt haben: »Ich bin schon froh, wenn nichts Altes eingefallen ist.«

Die Burg wurde im 16. Jahrhundert zur Landesfestung ausgebaut und war auf Belagerungen eingerichtet. Drei Rundbastionen für die Geschütze und der über drei Meter hohe Obere Wall mit den imposanten Kasematten bescheren noch heute prägende Eindrücke. Im Burggefängnis waren nicht selten in Ungnade gefallene Untertanen eingekerkert. Einer der prominentesten Insassen war 1737 Joseph Süß Oppenheimer. Seine Geschichte bildete die Vorlage für Wilhelm Hauffs Novelle »Jud Süß« (1827) und Lion Feuchtwangers gleichnamigen Roman (1925). Schauplatz der Geschichte war die Burg auch 1948, als sich honorige Politiker zur Vorbereitung des »Südweststaats« trafen. Eine Einigung kam zwar nicht zustande, dennoch wurden wichtige Weichen fürs künftige Bundesland Ba-Wü gestellt.

Adresse 72639 Neuffen, Tel. 07025 / 2206, www.hohenneuffen.de | **Anfahrt** ist möglich von Erkenbrechtsweiler bis zum Wanderparkplatz Hohenneuffen, von dort Fußweg durch den Wald zur Burg | **ÖPNV** von Neuffen Bahnhof circa 50 Minuten Fußweg, am Wochenende Shuttle-Bus bis Wanderparkplatz Hohenneuffen und 25 Minuten Fußweg; auf Wunsch Abholung per Shuttle am Parkplatz | **Öffnungszeiten** April–Okt. Mi–Sa 9–22 Uhr, So–Di 9–19 Uhr, Nov.–März Mo–So 9–17 Uhr | **Tipp** Das Burgrestaurant führt seit über 35 Jahren die Familie Vetter, jetzt in zweiter Generation, mit klassischer und schwäbischer Küche, veranstaltet Rittermahle und beliebte Events (Tel. 07025/2206).

77 __ Das Freilichtmuseum

Dorfidylle erleben, wie sie früher war

Sieben Freilichtmuseen gibt es in Baden-Württemberg. Mit jährlich gut 100.000 Besuchern ist das Freilichtmuseum Neuhausen ob Eck das meistbesuchte der Alb. Auf dem acht Hektar großen Areal lässt sich das Leben in einem Albdorf hautnah erleben. Man taucht in die beschauliche, oftmals karge Welt von Großeltern und Urgroßeltern ein. Die Zeit scheint stehen geblieben. Doch das Museum ist modern und quicklebendig! Auf Wiesen und in Ställen tummeln sich Kühe, Gänse, Schafe und Hühner. Täglich um 14 Uhr wird die Sau rausgelassen, dann zieht eine Herde Landschweine mit ihrer Schweinehirtin durchs Dorf zur Waldweide. Das ist die klassische »Schweinehut« (von »hüten«), wie sie bis vor 200 Jahren in den Albdörfern üblich war. Auch fast vergessene Handwerkstechniken werden gepflegt und vorgeführt: Schmieden, Töpfern, Spinnen, Weben, Filzen oder Strohflechten.

Der Dorfplatz bildet mit Brunnen, Dorflinde, Kirche, Dorfschmiede, Schul- und Rathaus das Zentrum der 25 historischen Gebäude. Die Häuser stammen allesamt aus der Region, wurden zerlegt und originalgetreu hier wieder aufgebaut. Am Dorfrand liegt das »Kabbes«-Land, wo früher Kraut, Kohl, Hanf und Flachs angebaut wurden. Zu jedem Dorf auf der Alb gehörte auch eine »Hüle«: Dorfteich, Wasserspeicher, Löschweiher und Viehtränke.

Typische Schwarzwälder Bauernhäuser stehen in Sichtweite schmucker Fachwerkhäuser wie dem »Bärbele-Haus« aus Schömberg, das an eine ehemalige Bewohnerin erinnert. Um 1870 wohnte hier ein Schuhmacher mit Frau und zehn Kindern in einer Stube, die zugleich Werkstatt, Ess-, Wohn- und Schlafraum war. Im strohgedeckten Tagelöhnerhaus lebten einst neun Personen auf knapp 30 Quadratmetern. Das Gasthaus »Ochsen« zeugt dagegen vom guten Auskommen seiner Bewohner. Die »Ochsen«-Wirte waren auch die Schultheißen (Bürgermeister) von Schopfloch. Heute sitzen im urigen Gasthaus große und kleine Besucher bei regionaler Küche.

Adresse 78579 Neuhausen ob Eck, Tel. 07467/1391 (Museumskasse) oder Tel. 07461/9263205 (Landratsamt Tuttlingen), www.freilichtmuseum-neuhausen.de | **Anfahrt** Das Museum liegt zwischen Tuttlingen und Meßkirch an der L 440 zwischen Neuhausen ob Eck und Fridingen an der Donau. | **ÖPNV** Bus 54 von Tuttlingen nach Neuhausen ob Eck, Haltestelle Freilichtmuseum | **Öffnungszeiten** April–Okt. Di–So 9–18 Uhr | **Tipp** Vom Klippeneck in Denkingen aus steigen Segelflieger und Ballonfahrer in die Luft. Der mit 975 Metern über dem Meer höchstgelegene Segelflugplatz Deutschlands liegt auf der Hochebene zwischen Tuttlingen und Rottweil.

78 Die Sammlung Domnick
Abstrakte Kunst mit Denkmalschutz

Kunst sammeln, bauen, filmen, schreiben – Ottomar Domnick war wahrlich vielseitig. Der Stuttgarter Nervenarzt, Kunstsammler und Verleger (1907–1989) gilt als Wegbereiter des experimentellen Films, veranstaltete Konzerte mit Werken der Neuen Musik und vieles mehr. Vor allem aber zählten er und seine Frau Greta zu den bedeutendsten Protagonisten, zu den engagiertesten Sammlern und Vermittlern moderner Kunst in Deutschland nach dem Zweiten Weltkrieg. Ihre Villa Domnick auf der Oberensinger Höhe über Nürtingen gibt davon Zeugnis. Der geradezu abweisende Betonbau der 1960er Jahre ist ein privates Haus der Kunst, gebaut in die Landschaft von Aichtal und Albtrauf.

Der Architekt Paul Stohrer schuf 1967/68 in Panoramalage ein einstöckiges, den topografischen Gegebenheiten des Areals angepasstes quadratisches Bauwerk mit rund 1.000 Quadratmetern Grundfläche. Ein Anwesen, in dem abstrakte Kunst, Architektur und Inneneinrichtung im Stil der Klassischen Moderne zu verschmelzen scheinen. Den Bauherren schwebte ein Museum zum Wohnen vor, ein Forum auch für andere Künste, für Literatur und Theater, Film und Musik.

Den 1977 entstandenen Skulpturengarten durchqueren drei Rundwege von insgesamt einem Kilometer Länge, sodass Besucher die Objekte aus verschiedenen Blickwinkeln betrachten können. Skulpturen aus Bronze, Eisen und Stahl – darunter Avramidis, Lardera, Venet – stehen inmitten der gestalteten Natur.

Haus und Skulpturengarten bilden eine Einheit aus Landschaft, Kunst und Architektur und wurden 2006 komplett saniert. Die Bilder, darunter Gemälde von Baumeister, Hartung und Winter, von Piene, Dorazio und Brüning, von Vedova, Rainer und Vostell, sind seither in neuer Hängung angeordnet; mit immer wieder anderen Blickwinkeln und Konstellationen. Das ehemalige Wohnhaus und Privatmuseum des Ehepaars Domnick ist heute eine gemeinnützige Stiftung des Landes Baden-Württemberg.

Adresse Stiftung Domnick Nürtingen, Oberensinger Höhe 4, 72622 Nürtingen-Oberensingen, Tel. 07022/51414, www.domnick.de | **Anfahrt** Autobahn A 8, Abfahrt Wendlingen, dann B 313 Richtung Nürtingen bis Esso-Tankstelle, rechts abbiegen Richtung Wolfschlugen, ab Ortsende Nürtingen-Oberensingen (L 1205), nach circa 750 Metern dem Hinweisschild zur Sammlung Domnick folgen | **ÖPNV** ab Bahnhof Nürtingen Bus 74 bis Haltestelle Hardt, dann ausgeschilderter Fußweg zur Sammlung Domnick (circa 8 Minuten) | **Öffnungszeiten** So 14–17 Uhr | **Tipp** Nürtingens mittelalterlicher Stadtkern erhebt sich imposant über dem Neckar. Seine engen Gässchen, steilen Treppen und malerischen Winkel inspirierten schon Friedrich Hölderlin, Eduard Mörike und den derzeit wohl bekanntesten Nürtinger: TV-Talker Harald Schmidt.

79 Die alte Friedhofskirche

Leonardos geniale Glockenhängung

Auf ihre Alte Friedhofskirche sind die Nusplinger stolz. Sie lässt die Fachwelt jubeln und lockt als Wahrzeichen der Gemeinde jedes Jahr viele tausend Besucher in den Ort. Im Stil der Romanik erbaut, wurden Chor und Kirchenschiff später »gotisiert«, neun Farbschichten lagen über den kostbaren Renaissance-Wandmalereien. Sehenswert ist die 300 Jahre alte barocke Holzkassettendecke, verziert mit Blumen und Früchten. Nikolaus Weckmann, einem Bildhauer der »Ulmer Schule«, werden die fünf Figuren des Hochaltars zugeschrieben. Auf die schlimme Lebenssituation Leprakranker im Mittelalter macht das »Leprosenloch« aufmerksam: Sie durften wegen der Ansteckungsgefahr nicht mit gesunden Menschen in Kontakt kommen und mussten dem Gottesdienst von außerhalb der Kirche durch das Guckloch folgen.

1950 wurde in St. Peter und Paul die letzte Messe gelesen, ab 1957 war das Kirchlein komplett geschlossen. Doch mit Abschluss der Restaurierung im Jahr 2003 erlebt St. Peter und Paul eine neue Blüte. Seit über 1.400 Jahren stehen hier Sakralbauten. Es fanden sich Fundamente von sieben Vorgängerkirchen und 54 Gräber aus alemannischer Zeit. Die gefundenen Skelette wurden anthropologisch untersucht und die Ergebnisse in einer Dauerausstellung auf der Empore ausgestellt. Dort steht auch das Modell der Glockenaufhängung, der wundersamsten Besonderheit des Nusplinger Kirchleins: Die Glocken im vierten Stockwerk des Turms hängen nach einem Konstruktionsprinzip von Leonardo da Vinci. Der Turm sollte neue Glocken bekommen und wurde daraufhin von Fachleuten inspiziert. Deren Erstaunen war groß, als sie die erhaltene »Sektoren-Lagerung« entdeckten. Sie verhindert ein Ausklinken der Glockenachse, die Reibung wird auf ein Minimum reduziert und der harte Klang abgedämpft. Auch die neuen Glocken hängen nun wieder nach Leonardos Prinzip. Nur einen Nachteil hat es: Sie müssen von Hand geläutet werden.

Adresse Alte Friedhofskirche St. Peter und Paul, Am Friedhof, 72362 Nusplingen, Tel. 07429/9310920 | **Anfahrt** in der Ortsmitte von Nusplingen von der L 433 bergauf über Vorstadt Richtung Friedhofstraße bis zur Kirche fahren | **Öffnungszeiten** Mai – Okt. So und Feiertage 14 – 17 Uhr, Führungen durch den Freundeskreis nach Absprache | **Tipp** Nusplingen hat einen zehn Kilometer langen Geologischen Lehrpfad auf dem Westerberg, der auf der Nusplinger Höhe auch zum Nusplinger Plattenkalk führt.

80 Das Kloster Obermarchtal

Friede sei dem Ankommenden

Die Benediktiner hatten einen Blick für außergewöhnliche Lagen. Hoch über der Donau, inmitten herrlicher Landschaft, legten sie im 8. Jahrhundert den Grundstein für ihr Kloster Obermarchtal. Im Mittelpunkt der Anlage steht die frühbarocke Stiftskirche St. Peter und Paul, die den Beginn des oberschwäbischen Barock markiert.

Auch heute, in seiner Form von 1770, zählt das großzügige Anwesen zu den schönsten Süddeutschlands. Nach der Säkularisation war Obermarchtal Fürstensitz des Hauses Thurn und Taxis. Inzwischen gehört es der Diözese Rottenburg-Stuttgart, die hier Lehrerfortbildungen veranstaltet und ein Aufbaugymnasium unterhält.

Obermarchtal hat neben seinen Kunstschätzen auch eine reiche Geschichte. Etwa den Besuch der Marie Antoinette anno 1770 auf ihrer Brautfahrt von Wien nach Paris. »O liabe Schwoba, ei jauchzet und schreiet«, soll der Obermarchtaler Pastor seine Gemeinde ermuntert haben, als die 57 Kutschen mit dem 235-köpfigen Hofstaat in Obermarchtal eintrafen. Abends tafelte die Gesellschaft und amüsierte sich bei der Aufführung eines Stücks von Sebastian Sailer, Chorherr des Stiftes und »Vater« der schwäbischen Mundartdichtung. Es muss der Braut gefallen haben, denn sie ließ den Obermarchtalern ein Stück ihres Hochzeitskleides als Dank zukommen. Die Kosten des Aufenthalts sind ebenfalls überliefert: 10.922 Gulden und 28 Kreuzer.

Vielleicht hat sich die Dauphine im pompösen Spiegelsaal von Versailles ans Marchtaler Refektorium erinnert? Hinter den Klostermauern gibt es einen Raum voll barockem Glanz und unzähliger Spiegel, ähnlich prächtig wie in Versailles. Er ist einer der schönsten Speisesäle des oberschwäbischen Barock und kann heute von jedermann gemietet werden. In den geschichtsträchtigen Mauern des Konventgebäudes sind noch weitere Veranstaltungsräume untergebracht, mit allem, was moderne Tagungstechnik hergibt. Übernachtet wird in klösterlich schlichten, aber keineswegs kargen Zimmern.

Adresse Kloster Obermarchtal, Klosteranlage 2/1, 89611 Obermarchtal, Tel. 07375/ 95050, www.kloster-obermarchtal.de | **Anfahrt** von der B 311 Tuttlingen–Ehingen auf die L 249 (Munderkingen–Zwiefaltendorf) abbiegen, Kloster ist ausgeschildert und nicht zu übersehen | **ÖPNV** Bus 341, Haltestelle Kloster | **Öffnungszeiten** 8 Uhr bis zur Dämmerung | **Tipp** Unterhalb des Klosters liegt das noch aktive Donauwasserkraftwerk Obermarchtal-Alfredstal von 1903. Strom wird dort in bauchig-wuchtigen Wasserturbinen produziert. Die Anlage steht unter »technischem Denkmalschutz«, www.mum-wasserkraft.de.

81 — Das Schneckenpflaster

Fossile Ammoniten im Bachbett

Das kleine Ofterdingen hat ein Naturdenkmal mitten im Ort. Die Steinlach fließt hier nicht in einem normalen Bachbett, sondern über eine Hundert Meter lange und vier Meter breite Gesteinsplatte aus Arietenkalk mit riesigen fossilen Ammoniten und Austernmuscheln. Sie sind als Ofterdinger Schneckenpflaster bekannt und vor allem bei Niedrigwassser gut zu sehen. Der Gesteinsabschnitt ist seit 1937 als geologisches Naturdenkmal anerkannt und gilt als Ofterdinger »Wahrzeichen«. Trotz hohen wissenschaftlichen Interesses ist die Beschilderung des Geschichtslehrpfades am Straßenrand wenig auffällig. Die schneckenförmigen Versteinerungen erreichen Riesenformen mit Durchmessern von über 80 Zentimetern. Da sie frei gespült sind lassen sie sich gut erkennen. Man darf sie sogar betreten.

Daran lässt sich eine der geologischen Schichten der südwestdeutschen Schichtstufenlandschaft gut erkennen. Der geologische Untergrund innerhalb des Ortes wird geprägt von der Gesteinsabfolge des Schwarzen Jura (Lias). Prägend sind die harten Kalkschichten des Lias Alpha (Arietenkalk).

Ofterdingen liegt im Tal der Steinlach idyllisch zwischen Schwäbischer Alb und dem Landschaftsschutzgebiet Rammert. Hier fließt die Steinlach auf der leicht nach Südosten einfallenden Arietenkalkbank, einer fossilreichen Schicht des Schwarzen Juras, sogenannter Lias Alpha. Dieser Lias besteht zum größten Teil aus Tonen und charakteristischen Kalk- und Sandsteinbänken, die im Meer gebildet sind. Deshalb enthalten sie oft Meeresfossilien wie Muscheln und Ammoniten. Nur selten sind sie so gut zu sehen wie beim Schneckenpflaster im Bachbett der Steinlach.

Der Lias wurde vor gut 150 Jahren vom Geologen Friedrich August Quenstedt in sechs Stufen eingeteilt und mit griechischen Buchstaben bezeichnet. Quenstedt lehrte dort, wo die Steinlach in den Neckar mündet: in Tübingen.

Adresse Gemeinde Ofterdingen, Rathausgasse 2, 72131 Ofterdingen, Tel. 07473 / 37800, www.ofterdingen.de | **Anfahrt** In der Ortsmitte aus Dettingen kommend rechts von der Schillerstraße / L385 in die Kriegsstraße abbiegen zum Bachbett der Steinlach bis Uhland-straße. Schilder fehlen. | **Tipp** Die Museumsscheuer an der Sattlergasse 12 in Ofterdingen zeigt land- und hauswirtschaftliche Geräte, komplette Werkstatteinrichtungen und einen möblierten Wohnbereich mit Küche, Stube und Schlafzimmer von anno 1900.

82 Die Pfullinger Hallen

Schöner Turnen – Jugendstil für alle

Die beiden waren das Dream-Team ihrer Ära: der Pfullinger Papierfabrikant und Mäzen Louis Laiblin (1861–1927) und »sein« Haus- und Hofarchitekt, der Stuttgarter Theodor Fischer. Laiblin hat seiner Heimatstadt viel Schönes, Gutes und Wahres hinterlassen, das – fast immer – Fischer entworfen und gebaut hat: eine Stadtvilla, die Künstlerkolonie Erlenhof, das Schützenhaus, den Schönbergturm, die Pfullinger »Unterhose« (siehe Ort 84), und die Pfullinger Hallen. Alle entstanden durch Fischers Können und Laiblins Geld.

Man nannte ihn »König von Pfullingen« und »letzter Mäzen des alten Reiches«. Mit seinem Faible für Kunst und Kultur war Laiblin Förderer und Unterstützer von Malern und Dichtern. Er hat viele Projekte angestoßen und oftmals auch komplett finanziert. Eindrucksvollstes Beispiel sind die Pfullinger Hallen.

Seine Idee: Louis Laiblin wollte Pfullingen eine Turn- und Tonhalle stiften und bauen, in der Sportvereine und der Liederkranz ebenso wie Tanzveranstaltungen und Vorträge eine Heimstatt finden. Entstanden ist ein Bau zwischen Jugendstil und Neuer Sachlichkeit. Seine Eröffnung am 24. Oktober 1907 gilt als Geburtsstunde des baugeschichtlichen Vorläufers heutiger Mehrzweckhallen.

Von außen wirkt das Gebäude eher schlicht. Drinnen dann ein Gesamtkunstwerk aus Malerei, Plastik, Architektur und Kunsthandwerk zum Thema »Der Mensch unter der Ägide der Musik«. Die großflächigen Wandmalereien stammen von der Malklasse Adolf Hölzels an der Königlichen Akademie der Bildenden Künste in Stuttgart. Die in Bildfelder aufgeteilten Wände sind in »Molltönen« gehalten: Seegrün, ergänzt um Orange und Violett. Die feierlich-ernste Stimmung lockern die an den Wänden tanzenden, vorwiegend leicht bekleideten Frauen auf. Damals wie heute steht der große teilbare, fast quadratische Raum den Schulen und Vereinen als »Ton- und Turnhalle« zur Verfügung.

Adresse Pfullinger Hallen, Klosterstraße 110, 72793 Pfullingen, Tel. 07121/70304101 (Sarah Große, Mo–Fr 8–11.30 Uhr), www.pfullingen.de | **Anfahrt** am Ortsausgang von Pfullingen Richtung Lichtenstein-Honau an der K 6729 direkt am Freibad | **ÖPNV** Bus 7806/7607, Haltestelle Freibad | **Öffnungszeiten** Besichtigung nach Vereinbarung | **Tipp** Das benachbarte Pfullinger Freibad ist ein beliebter Tummelplatz für Alt und Jung.

83 Das Pfullinger Sprechgitter

Armut, Demut, Gehorsam – die Welt der Klarissen

Das Pfullinger Sprechgitter, entstanden um 1300, gilt als eines der ungewöhnlichsten Zeugnisse des Klosterlebens nördlich der Alpen. Mit der Außenwelt konnten die Nonnen des Klarissenklosters einzig durch das Sprechgitter – damals »Redfenster« genannt – in Kontakt treten. Und auch das nur in Gegenwart von zwei weiteren Nonnen.

Das unterschiedliche Bodenniveau zwang die Nonnen zum Niederknien, während die Besucher auf der anderen Seite des Gitters auf Zehenspitzen stehen mussten. Eisendornen im Lochgitter verhinderten zu große Nähe.

Der 1252 erstmals urkundlich erwähnte Pfullinger Konvent war mit zeitweise 64 Nonnen recht groß. Seine Besitzungen reichten weit über Tübingen und Stuttgart hinaus. Den Ordensfrauen gehörten oft die besten Böden, Ackerland, Wiesen und Weinberge. Gründerin des Klarissenordens war die heilige Klara von Assisi (um 1194–1253), eine frühe Anhängerin des Franz von Assisi. Sie war Verfasserin der ersten Ordensregel; geschrieben von einer Frau für Frauen und für die damalige Zeit erstaunlich demokratisch. Sie betonte die Eigenverantwortung jeder einzelnen Schwester.

Vom ehemaligen Klarissenstift in Pfullingen sind die Klosterkirche mit ihren frühgotischen Freskomalereien, heute Kultur- und Ausstellungsort, und der Klostergarten erhalten. Die Geschichte der heiligen Klara von Assisi und das Leben ihrer Nachfolgerinnen im Pfullinger Kloster werden im »Waschhaus« direkt neben dem Sprechgitter zu den Besichtigungsterminen wieder lebendig.

Das weltweit wohl einzige erhaltene Sprechgitter aus dem Mittelalter war dem Dichter Paul Celan Inspiration für seinen Gedichtband »Sprachgitter«.

Die sehr gut erhaltene Klosterkirche ist berühmt für ihre frühgotischen ornamentalen Freskomalereien, die in ihrer Art einzigartig nördlich der Alpen sind.

Adresse Waschhaus, Sprechgitter und Klosterkirche, Klostergarten 2, 72793 Pfullingen, www.pfullingen.de | **Anfahrt** an der K 6729 in der Ortsmitte, Zugang zum Sprechgitter durch den Garten der Villa Neske, Klostergarten 28 | **ÖPNV** Bus 7644/7606/400, Haltestelle Klosterstraße | **Öffnungszeiten** Sprechgitter immer zugänglich, Waschhaus, Klostergarten und Kirche: Mai–Okt. So und feiertags 14–17 Uhr, Führungen nach Vereinbarung über das Hauptamt, Tel. 07121/70300 | **Tipp** Literaten, Philosophen und Lyriker: Der Verleger Günther Neske führte sie in seinem 1951 in Pfullingen gegründeten Verlag zusammen. An ihn und die von ihm verlegten 430 Bücher aus den Bereichen Philosophie, Theologie, Politik, Literatur und Kunstwissenschaften erinnert die Klause in der Neske-Villa im Klostergarten 28. Dort steht das berühmte Cordsofa, auf dem Martin Heidegger, Ernst Jünger, Walter Jens, Hans Mayer, Herbert Wehner, Elisabeth Flickenschildt und viele andere saßen.

84 Der Schönbergturm

Eine Unterhose zum Besteigen

28 Höhenmeter, verteilt auf 112 Stufen, verlangen Kondition. Einer wie der Schönbergturm, Baujahr 1905 / 1906, hat zwar keinen Fahrstuhl, aber viele Stufen. Doch der Aufstieg lohnt, der Weg zu den Sternen führte eben schon immer über das Raue, Schwierige.

Der markante Aussichtsturm auf dem 793 Meter hohen Schönberg gilt als Wahrzeichen der Stadt Pfullingen und »Tor zur Schwäbischen Alb«. Die Idee zum Turmbau auf der Hochwiese des Schönbergs wurde im Herbst 1894 geboren. Beim Wandern, wie könnte es anders sein. Der Pfullinger Papierfabrikant Louis Laiblin sagte spontan 5.000 Mark als Startkapital zu. 17.000 Mark (heute an die 200.000 Euro) hat sich der Schwäbische Albverein den Bau 1906 kosten lassen und etwas ganz Besonderes auf den Berg gestellt. Den in Eisenbeton ausgeführten Doppelturm nennt der Volksmund »d'Onderhos« (die Unterhose). Er besteht aus zwei achteckigen Zwillingstürmen mit je einer Treppe für Auf- und Abstieg, die oben durch eine Brücke verbunden sind. Von dieser Aussichtsplattform hat man einen herrlichen Blick über das Albvorland und den Naturpark Schönbuch.

Die Pläne zum Turm stammen vom Architekten Theodor Fischer, der für den Pfullinger Mäzen Laiblin 1907 auch die Pfullinger Hallen (siehe Ort 82) erbaut hat. Fischers Entwurf war ursprünglich ein Vorschlag für den Bau des Völkerschlachtdenkmals in Leipzig. Da dieser nie realisiert wurde, schmückt die markante Konstruktion nun den Schönberg über Pfullingen und zeugt von einer damals geradezu revolutionären Bauweise aus Eisenbeton, heute bekannt als Stahlbeton.

Hoch hinaus wollten die Pfullinger 2006 zum 100. Geburtstag des Schönbergturms. Per Helikopter wurde er mit einer »echten« Stoffunterhose bekleidet. Der erhoffte Eintrag ins Guinness Buch der Rekorde wurde jedoch abgelehnt. Als Erinnerung blieben Taschen, die nach dem »Hos ra«-(Hose runter-)Fest aus dem Stoff geschneidert wurden.

Adresse Schönberg, 72793 Pfullingen, www.pfullingeronderhos.de | Anfahrt B 312, Abfahrt
Pfullingen-Süd, dann Richtung Wanne bis zum Parkplatz, von dort zu Fuß 30 Minuten
bergauf bis zur Hochebene | Öffnungszeiten Mo–So, wenn die Fahne am Turm weht, ist
der Kiosk geöffnet | Tipp Gute Sicht auf Reutlingen, Pfullingen und den Schönberg hat man
vom gegenüberliegenden Waldcafé, Vor dem Urselberg 1, aus, egal ob vom Restaurant, der
Terrasse oder von der Wiesenschenke aus, www.waldcafe-pfullingen.de.

85 Der Übersberg

Größter Flugzeugträger der Welt

Beim Segelfliegen hängt alles vom Wetter ab. Und die Thermik muss stimmen. Schmerzlich erfahren hat das einst Albrecht Berblinger, der legendäre Schneider von Ulm, als er 1811 in der Donau landete statt am anderen Ufer. Dass sein Flugapparat flugfähig war, ist längst erwiesen. Doch da die Thermik über der kalten Donau fehlte, stürzte der schwäbische Tüftler ins Wasser.

Segler von heute nutzen gekonnt die Wetterverhältnisse und aufsteigenden Winde. Die Alb gilt hierbei als besonders begünstigt, was ihr den Beinamen »größter Flugzeugträger der Welt« einbrachte: Mehr Segelflug gibt es sonst nirgends.

Den Segelboom in deutschen Landen lösten einst die Alliierten aus. Sie verboten den Deutschen nach dem Ersten Weltkrieg den Motorflug. Also tüftelten und baute man an Flugzeugen ohne Motor. Die thermischen Vorzüge der Alb entdeckte in den 1920er Jahren der Ingenieur und Flugpionier Wolf Hirth. Die schroffen Felsbrüche und trockenen Karstböden erzeugen Aufwinde, die nicht nur Vögel in den Himmel heben. Das war der Durchbruch. Der findige Hirth flog die Segler nicht nur, er baute sie auch.

Noch heute zählt Schempp-Hirth in Kirchheim unter Teck zu den besten Segelflugzeugbauern der Welt und macht das Fachwerkstädtchen zur international bekannten Fliegermetropole. Auf der Hahnweide bei Kirchheim unter Teck heben beim Internationalen Oldtimer-Fliegertreffen bis zu 120 Segler ab. Fester Kalendertermin für Segler und Besucher ist auch das alljährliche Übersberger Pfingst-Fliegen.

Dann starten Segler mit Seilwinden, navigieren mit GPS-Satellit, und manchmal kommt es zur »Außenlandung« auf einer Wiese im Irgendwo, sodass die Rückholmannschaft ausrücken, das Flugzeug zerlegen und es im Anhänger zurück zum Fluggelände kutschieren muss. Mit dem Klippeneck bei Tuttlingen hat die Alb auch den höchst gelegenen Segelflugplatz Deutschlands: 975 Meter hoch.

Adresse Flugsportvereinigung Übersberg, 72793 Pfullingen, www.uebersberg.de | **Anfahrt** in Reutlingen B 312 Richtung Pfullingen / Riedlingen nach Pfullingen Nord abbiegen (B 312 Alt), ab Ortszentrum Pfullingen ist der Übersberg / Übersberger Hof ausgeschildert, 8 Kilometer durch den Wald bis Parkplatz Segelfluggelände Übersberg | **Tipp** Im historischen Stadtkern Pfullingens gibt es interessante Museen: Das »Schlößle« aus dem Jahr 1450 beherbergt das Stadtgeschichtliche Museum, in der benachbarten Baumannschen Mühle sind das Württembergische Trachtenmuseum und ein Mühlenmuseum untergebracht.

86 Das Dalkinger Limestor
Römer-Tor im Glashaus

Einer Fata Morgana gleich scheint der Glaskubus über dem sagenhaften Limestor zu schweben. In der Antike muss es schon von Weitem sichtbar gewesen sein, errichtet in exponierter Lage auf einer Hügelkuppe. Das Torgebäude diente wohl zur Überwachung des Limesdurchgangs zum unbesetzten Teil Germaniens hin. Eigens für den Besuch von Kaiser Caracalla wurde es anno 213 mit einem prunkvollen Triumphbogen verschönert. Eine noch heute eindrucksvolle Machtdemonstration an der Grenze des damaligen Römischen Weltreichs.

Als die Römer vor fast 2.000 Jahren den Obergermanisch-Raetischen Limes bauten, ahnten sie wohl nicht, welch großes Geschenk sie damit der Menschheit machen würden. Wie mit dem Dalkinger Caracalla-Tor, das entlang der 550 Kilometer langen Deutschen Limesstraße vom Rhein bis an die Donau einmalig ist. 1885 gefunden, wurde es erst rund 100 Jahre später als Gebäude »mit triumphbogenartigem Tordurchlass« identifiziert. Seit 2005 gehört es zum UNESCO-Weltkulturerbe.

Da der Zahn der Neuzeit an dieser einzigen nachgewiesenen Toranlage am Obergermanisch-Raetischen Limes nagte, wurde 2010 zum Schutz der Bausubstanz ein Glashaus errichtet. Dessen Höhe von 16 Metern ergab sich aus der vermuteten Gesamthöhe des einstigen Limestors. Wie das Originaltor ausgesehen haben mag, deuten bedruckte Stoffbahnen an, die über den steinernen Grundmauern des Tores hängen. Mitsamt seiner modernen Hülle ist das Tor nicht nur ein historischer, sondern auch ein optischer Leckerbissen und gehört mit dem Limesmuseum im benachbarten Aalen, den Ausgrabungen am Reiterkastell und dem Römerbad am Bucher Stausee zu den Highlights der Römerzeit der Ostalb. Ein außergewöhnliches Erlebnis sind Führungen in der Dämmerung oder nachts. Dann schlüpfen die Limes Cicerones – Gästeführer – in die Rolle römischer Händler oder Krieger und lassen Geschichte mit Geschichten lebendig werden.

Adresse Dalkinger Tor im Limes-Park Rainau, 73492 Rainau-Dalkingen, www.limestor-dalkingen.de | **Anfahrt** B 290 in Richtung Ellwangen, abbiegen auf K 3220 bis Parkplatz Rainau-Schwabsberg, von dort circa 650 Meter Fußweg | **ÖPNV** Bus 313, Haltestelle Gasthof Goldenes Lamm, Schwabsberg und 1,3 Kilometer Fußweg, dann den Schildern folgen | **Öffnungszeiten** April–Okt. Di–So 11–17 Uhr, in den Sommerferien Baden-Württembergs täglich geöffnet, Führungen So und Feiertage 11, 14, 15 und 16 Uhr | **Tipp** Das acht Kilometer entfernte Urweltmuseum Aalen im alten Rathaus, Reichsstädter Straße 1, zeigt als größtes städtisches Museum für Geologie und Paläontologie in Baden-Württemberg die Sammlung des bekannten Aalener Naturforschers Fritz Sauter mit Versteinerungen von Sauriern, Tintenfischen, Seelilien und Riesenammoniten, www.urweltmuseum-aalen.de.

87 — Der Gasthof Adler

Ein Gasthaus zum Verlieben

Das Obere Schlichemtal liegt dort, wo die Berge der Alb am höchsten sind – und wo die Gastronomie nicht unbedingt immer auf gleicher Höhe mithält. Die eher raue Alb ist halt keine Gegend der schnuckeligen Landgasthöfe, wie man sie aus Baden oder Bayern kennt. Und doch gibt es sie. Im völlig unspektakulären Ratshausen haben eine fröhliche Steirerin und ein polyglotter Schwabe ihren Gasthof zu einem ganz besonderen Freudenort herausgeputzt.

Der »Adler« ist seit 140 Jahren eine gute und solide Adresse. Doch mit der vierten Familiengeneration ist er in eine neue Ess-Klasse vorgestoßen. Und das ganz ohne die lokale Klientel vor den Kopf zu stoßen. Den Charakter der Dorfwirtschaft pflegen die Sauters ganz bewusst weiter. Noch immer ist der runde Tisch für die Stammtische reserviert. Dort schlotzen die Ratshausener gern ihr Viertele oder zischen kühle Bierchen. Eintracht auch auf der Speisekarte, wo Maultaschen, Rostbraten und andere Schwaben-Klassiker auf Gänseleber, Bouillabaisse und weitere leckere Gaumenkitzel treffen.

In den gemütlichen Gaststuben regiert Martina Sauter mit Herzlichkeit. Die gute Seele des Adler, »nebenher« noch Mutter von drei Kindern, hat auch ein Händchen fürs Dekor. Aus alten Leinensäcken vom Speicher ließ sie Sitzkissen nähen, und mit dem Stoff alter »Paradekissen« hat sie die Leinentischdecken aufgepeppt. Dazu Blumen aus dem Garten und die ideenreiche Frischeküche von Klaus Sauter. Seine Liebe zu Fisch und Meeresfrüchten hat er während seiner Küchenjahre in Frankreich entwickelt. Ein Bauer der Umgebung züchtet für ihn Durocschweine, ein anderer Charolais und Black-Angus-Rinder. Wild stammt aus eigener Jagd. Was Sauter davon nicht in der Küche verarbeitet, wird zu Salami, Bratwürsten, Salsiccia und anderen hausgemachten Spezialitäten. Beliebt sind Kräuterwanderungen, Kochkurse und die exzellenten »Wässerle«, die der Seniorchef brennt.

Adresse Gasthof Adler, Hohner Straße 3, 72365 Ratshausen, Tel. 07427 / 2260, www.adler-ratshausen.de | **Anfahrt** aus Schömberg kommend an der K 7170 in der Ortsmitte | **ÖPNV** Regionalbus 38 von Schömberg bis Ratshausen-Ortsmitte | **Öffnungszeiten** Mi–So 17.30–24 Uhr, Sa, So 11.30–13.30 Uhr | **Tipp** Der Stausee »Schlichemtalsperre« im benachbarten Schömberg ist ein lohnenswertes Ausflugsziel mit Badestrand, Liegewiese, Bootsverleih, Campingplatz und kleinem Freizeitpark mit Streichelzoo und Minigolf.

88 _ Die Achalm

Von Goldrausch bis Schafzucht

Die Achalm gehört zu Reutlingen wie der Eiffelturm zu Paris. Der 707 Meter hohe Hausberg ist ein beliebtes Ausflugsziel. Während die einen bei Eisbecher oder Maultaschen auf der Terrasse des Achalm-Hotels sitzen, besteigen andere den Gipfel.

Donnergott Donar soll hier einst seinen Sitz gehabt haben. Er legte zum Schutz eine von Zwergen geschmiedete goldene Kette um seinen Berg. Als 1716 ein Reutlinger auf seinem Acker Steine fand, die wie Gold glänzten, hielt man sie für Reste der sagenhaften Kette. Ihr Fund löste einen Goldrausch aus, der mit einem mächtigen Kater endete: Das vermeintliche Edelmetall erwies sich als Schwefelkies, besser bekannt als Katzengold.

Ums Jahr 1030 hatte Graf Egino – auf den das heutige Eningen zurückgeht – mit dem Bau seiner Burg Achalm begonnen. Ihren Namen erhielten Berg und Burg laut Ludwig Uhlands Ballade »Schlacht bei Reutlingen« von einem tödlich getroffenen Ritter: »›Ach, Allmächt'ger!‹, wollt er rufen – man hieß davon das Schloss.« Die Wahrheit ist schlichter: Achalm kommt von »Ache an der Alm« (Bach an der Bergweide). Gemeint ist wohl der Aispach, der dort entspringt.

Die damalige Achalm-Festung war größer als die heutige Burg Hohenzollern. Auf ihren Ruinen steht seit 1822 der jetzige Aussichtsturm, gebaut auf Geheiß des württembergischen Königs Wilhelm I. Sein Wappen sollte den eigensinnigen Reutlingern klarmachen, dass es unter seiner Herrschaft mit den Privilegien einer Freien Reichsstadt endgültig vorbei war.

Seit 2009 gehört der Lieblingsplatz der Reutlinger der Stadt und ihren Bürgern. Und das erstmals in ihrer über 900-jährigen Geschichte. Allerdings liegt die Ostflanke noch immer auf Eninger Gemarkung, dort, wo der Künstler HAP Grieshaber sein Atelier und Wohnhaus hatte. Für ihn als Kenner und Liebhaber seiner »Alb-Heimat« war die Achalm schlichtweg »der schönste Berg der Alb«.

Adresse 72766 Reutlingen, www.reutlingen.de | **Anfahrt** in Reutlingen B 28 Richtung Metzingen, ab Ortsausgang Beschilderung »Achalm« den Berg hinauf folgen, parken am Scheibengipfel oder am Achalm-Hotel | **Tipp** Die Reutlinger Pomologie wurde 1860 als »Lehranstalt für Pomologie, Obstkultur und Gartenbau« gegründet und diente als Übungsgarten der Obstbaukundler. Seit 1984 wurden sie und der angrenzende Volkspark zu einer schönen Parkanlage mit Wasserspielen, Spazierwegen und Platz für kulturelle Veranstaltungen angelegt. Das Gelände liegt zwischen Alteburgstraße, Friedrich-Ebert-Straße und Hindenburgstraße.

89 Gmindersdorf

Mustersiedlung, erbaut von Stararchitekten

»Gminder-Leinen« war einst ein Begriff von Weltruf. Dieser feste Baumwollstoff wurde bis 1967 im Reutlinger Textilwerk Ulrich Gminder gewoben. Dann kamen Kunstfasern in Mode, und die Zeit des Leinen im Ländle war vorbei. An die einstmals größte Spinnerei der Region erinnert heute die frühere Arbeitersiedlung Gmindersdorf. Sie ist eine architektonische Rarität, die teilweise unter Denkmalschutz steht und deren Charme sich kaum jemand entziehen kann.

Mit dem Bau der Siedlung reagierte der Textilfabrikant auf den Mangel an Arbeitskräften. Die Siedlung sollte Arbeiter von auswärts anlocken, die hier statt in öden Mietskasernen mit ihren Familien wie in einem natürlich gewachsenen Dorf leben konnten. Im Jahr 1903 begann der Bau der »Wohlfahrtseinrichtung« für Angestellte. Sie lag nur 350 Meter vom Betriebsgelände entfernt und war mit ihrem baulichen und sozialpolitischen Konzept ein deutschlandweit richtungweisendes Exempel frühen sozialen Wohnungsbaus. Die Bebauung der zehn Hektar großen Fläche erfolgte nach Plänen des Stararchitekten und Stadtplaners Theodor Fischer (siehe Ort 82 und 84), in dessen Stuttgarter Büro auch Paul Bonatz arbeitete, heute vor allem bekannt als Architekt des »alten« Stuttgarter Hauptbahnhofs.

48 Doppelhäuser entstanden, mit Giebeln und Gauben, manche mit Fachwerk, andere mit Veranden und Hausgärten, in denen die Bewohner Gemüse ziehen und Kleintiere halten konnten. Jede Wohnung hatte einen eigenen Eingang, nach Süden ausgerichtete Wohnräume, WC sowie Wasser- und Gasanschluss.

Kaufhaus, Bäckerei, Metzgerei, Ziegenstall und Mosterei sollten die wirtschaftliche Selbstständigkeit des neuen Vorortes sicherstellen. Eine Stiftung der Fabrikantenfamilie umfasste zudem einen Kinderhort sowie den Altenhof für pensionierte Mitarbeiter. 1967, als Gminder an den Bosch-Konzern ging, konnten die Bewohner ihr bis dahin gemietetes Haus erwerben, was viele taten.

Adresse 72770 Reutlingen-Betzingen, oberhalb der Heppstraße 36 | **Anfahrt** B 28 Reutlingen–Tübingen bis zur Bantlinstraße (K 6726), dieser folgen bis zur Heppstraße | **ÖPNV** Züge des Regionalverkehr bis Reutlingen-West | **Tipp** Der Gasthof Karz an der Heppstraße 36 ist Teil von Gmindersdorf und noch immer ein beliebtes Lokal mit schönem Biergarten, www.karz.de.

90__ Der Roßberg

Hoch hinaus

Der Roßberg ist mit 869 Metern die höchste Erhebung der Stadt Reutlingen, rund zehn Kilometer von der Innenstadt entfernt. Noch höher hinaus geht es für alle, die seinen Turm besteigen: Er ist weitere 28 Meter hoch und wird gekrönt von einem Antennenmast. Beliebt ist der Gasthof am Fuß des Turms mit Wanderheim und einfachen Übernachtungsmöglichkeiten.

Turm und Wanderheim wurden 1913 zum 25-jährigen Jubiläum des Schwäbischen Albvereins erbaut und später mehrfach erweitert. Als Beispiel der Fortschrittlichkeit wurde die damals modernste Gussbetontechnik verwendet, bei der Kies, Sand und Zement von Hand gemischt und gestampft wurden.

Das war – leider – nichts für die Ewigkeit. Die Mängel dieser baulichen Pionierleistung beschäftigen noch heute die Bausachverständigen des Vereins. Davon unberührt, ist das markante Wahrzeichen der Teilgemeinde Gönningen ein viel besuchtes Ausflugsziel, nicht zuletzt dank der netten Gaststätte, und damit fast idealtypisch für die gut zwei Dutzend Türme des Schwäbischen Albvereins in der Region.

Der Blick aus den Zimmern des Wanderheims und von der Turmplattform ist bei Tag und Nacht phantastisch. Bei klarer Sicht kann man weit in den Schwarzwald schauen, manchmal ist sogar die Alpenkette zu erkennen. Noch mehr Aussicht hat man vom Quenstedt-Denkmal kurz vor der Bergkuppe, mit dem 1903 der Geologe und Paläontologe Friedrich August Quenstedt (1809– 1889) geehrt wurde.

Der Tübinger Professor leistete Pionierarbeit bei der geologischen Erforschung der Juraformationen der Region und erstellte unter anderem ein Tafelwerk über die Ammoniten der Schwäbischen Alb. Über 50 Jahre seines Lebens widmete er der Mineralogie, Stratigraphie und Paläontologie. Seine Fossiliensammlung ist noch heute im Geologischen Institut der Universität Tübingen zu sehen.

Dem
geologischen
Erforscher der Alb
F. A. Quenstedt
Prof. in Tübingen
von 1837–1889

9. Juli 1893

Adresse Roßberghaus, 72770 Reutlingen-Gönningen, Tel. 07072/7007, www.schwaebischer-albverein.de | **Anfahrt** in Gönningen beim Rathaus rechts abbiegen, die schmale Serpentinen-straße hinauffahren bis Hochplateau und Wanderparkplatz | **ÖPNV** Stadtbusse 5, 7624 ab Reutlingen oder Mössingen bis Gönningen Rathaus, zu Fuß der Straße zum Ortsrand folgen | **Tipp** Im Ort gibt es den Tulpenbrunnen, das Samenhandelsmuseum, und an der Straße nach Sonnenbühl pflanzt ein lokaler Gärtner alljährlich ein Probefeld mit unzähligen verschiedenen Tulpensorten an.

91 — Der Tulpen-Friedhof

Ein Dorf blüht auf

Tulpen aus Amsterdam? Kein Thema in Gönningen. Dort blüht die Erinnerung an die Zeiten als bedeutende Samenhandelsmetropole mit über 50.000 Tulpen alljährlich neu auf. Ab Mitte April sieht man sie in allen Farben auf öffentlichen Plätzen und in Vorgärten. Besonders üppig frönen die Gönninger ihrer Tulpenleidenschaft auf dem Friedhof. Das hat Tradition.

Bis in die 1950er Jahre war die Gönninger Tulpenblüte so berühmt wie heute die von Keukenhof in Holland. Tausende Besucher aus nah und fern machten sich nach Gönningen auf, um die von den Samenhändlern mit Tulpen geschmückten Gräber ihrer Vorfahren zu bewundern. Sogar Königin Charlotte von Württemberg kam jedes Jahr vom nahen Bebenhausen und zeigte sich entzückt von der einmaligen Tulpenpracht.

Was anderswo weder üblich noch erschwinglich war, konnten sich die Gönninger locker leisten: Ihr damaliger Haupterwerb war der Samenhandel, entstanden nach dem Dreißigjährigen Krieg, als in Württemberg größte Not herrschte. Und diese macht ja bekanntlich erfinderisch. Die Gönninger besannen sich auf das Obst ihrer fruchtbaren Streuobstwiesen, das sie in »Schnitze« schnitten, dörrten und als Schnitzobst verkauften. Ihr Sortiment wuchs um Setzlinge, Samen und Blumenzwiebeln. Ihre Reiserouten führten die Samenhändler schließlich bis an den Zarenhof und nach Amerika.

Grundlage des Erfolgs war eine regelrechte »Tulpomanie« an europäischen Fürstenhöfen. Tulpenzwiebeln waren zeitweise begehrter und kostbarer als Gold und Edelsteine. Die reichen Gönninger Samenhändler bauten sich repräsentative Häuser, schmückten schon vor 150 Jahren Gärten, Plätze und Gräber üppig mit Tulpen und ließen ihre Kinder an der Mittelschule Französisch lernen. Nur in den osmanischen Sultansgärten sollen mehr Tulipane geblüht haben. Die Kelchblüte schmückte das Wappen der Osmanen und ist noch heute Nationalblume der Türkei. Sie gilt als Sinnbild für Leben und Fruchtbarkeit.

Adresse Gönninger Tulpenblüte e.V., Friedhof Gönningen, 72731 Reutlingen-Gönningen, www.goenninger-tulpenbluete.de | **Anfahrt** in Gönningen auf der Hauptstraße den Schildern zum Friedhof folgen | **ÖPNV** Linie 5/155, Haltestelle Rathaus | **Tipp** An die blühenden Zeiten erinnert das weltweit einzigartige Samenhandelsmuseum, Stöfflerplatz 2, Exponate und die Rekonstruktion einer Samenhändlerpackstube, Samenhandelsmuseum Gönningen, Tel. 07072/7026, geöffnet Mo, Di, Mi, Do 8–11.30 Uhr, Do 14–18 Uhr.

92 Das Friedrich-List-Denkmal

Visionär und Querdenker: Es lebe der Dampf!

An Reutlingens berühmtestem Sohn gehen Passanten meist achtlos vorüber. In Bronze gegossen, steht Friedrich List in einer Grünanlage, die seinen Namen trägt, am passendsten Ort, den es für ihn nur geben kann: in Sichtweite des Reutlinger Bahnhofs. Dass sich Baden-Württemberg vom Agrar- zum Industrieland wandeln konnte, verdankt das Ländle nicht zuletzt diesem Visionär und Eisenbahnpionier.

Friedrich List erkannte in den 1820er Jahren als einer der Ersten die Bedeutung der Eisenbahn und schrieb: »Es lebe der Dampf! Er wird Handel und Gewerbe neuen Schwung und neue Richtungen geben und die entferntesten Teile der Erde sich nahe bringen.« So geschah es. Und List war dabei, als 1834 die erste deutsche Ferneisenbahn von Leipzig nach Dresden gebaut wurde.

1789 in Reutlingen geboren, schlägt der Gerbersohn die Verwaltungslaufbahn ein. Er macht als kluger und kritischer Kopf schnell auf sich aufmerksam und wird 1817 – ohne akademische Ausbildung – zum Professor für Staatsrecht in Tübingen berufen. Er setzt sich für die Aufhebung der Zollschranken in Deutschland ein, übt heftige Kritik an Missständen in Staat, Verwaltung und Rechtsprechung und wird wegen »staatsfeindlicher Aufreizung« zu Festungshaft verurteilt. 1825 wandert List »freiwillig« nach Amerika aus. In Pennsylvania initiiert er eine 22 Meilen lange Bahnstrecke und formuliert sein wirtschaftstheoretisches Grundsatzprogramm. Zurück in Deutschland, wird ihm die erhoffte Anerkennung nicht zuteil. Verbittert wählt der vielseitig Begabte 1846 den Freitod.

Seine Heimatstadt ehrte ihn 1863 mit dem Denkmal und benannte eine Konzerthalle sowie das älteste Gymnasium der Stadt nach dem berühmten Sohn. Im Reutlinger Heimatmuseum sind Leben und Werk Friedrich Lists zwei Räume gewidmet, und das Stadtarchiv verwaltet seinen umfangreichen Nachlass.

Adresse Listplatz, 72764 Reutlingen-Innenstadt, www.reutlingen.de | **Anfahrt** in Reutlingen Richtung Bahnhof | **ÖPNV** Das Denkmal steht unmittelbar vor dem Hauptbahnhof in einer Grünanlage. | **Tipp** Nur 400 Meter vom List-Denkmal entfernt an der Eberhardstraße 14 lohnt die Galerie Stiftung Konkrete Kunst einen Besuch. Kern der Ausstellung ist die »Sammlung Wandel«, zudem beherbergt die Stiftung ein Archiv zur Kunst des 20. Jahrhunderts, www.stiftungkonkretekunst.de.

93__ Der Marktplatz

Frisches für Genießer

Der Geist der Demokratie herrscht in der Freien Reichsstadt Reutlingen seit jeher. Das ihren Einwohnern oft nachgesagte Rebellionsgen lebten die Reutlinger auf ihrem Marktplatz aus. Tausende versammelten sich dort, um für ihre reichsstädtischen Privilegien oder ihren protestantischen Glauben zu streiten. Seit 1180 besitzt Reutlingen das Marktrecht.

Marktleben wird heute beim Bauern- und Wochenmarkt zelebriert. Mit über 80 Ständen gehört er zu den größten der Region. Der Marktplatz ist Umschlagplatz für Frischwaren aller Art, Treffpunkt und Nachrichtenbörse. Auch wenn Alteingesessene gelegentlich klagen, dass »mer neamod me kennt« (man keinen mehr kennt).

Allzu schlimm kann's nicht sein. Samstagmorgens trifft man »tout« Reutlingen, ausgerüstet mit »Grätten« (Korb) und Einkaufszettel, zwischen Wilhelmstraße und Rathaus. Neben den Ständen der Händler finden noch immer Selbsterzeuger Platz, die direkt »vor' Alb raa« kommen. Man erkennt sie am schmaleren Sortiment, das von der eigenen Scholle stammt, meist nur ein paar Kisten mit Gelben Rüben (Karotten), Kartoffeln oder Äpfeln.

Spuren, wenn auch unsichtbare, hat hier ein schwäbischer Don Quijote mit starken Revoluzzergenen hinterlassen: Unvergessen sind die (Markt-)Zeiten, als Helmut Palmer (1930–2004), der streitbare Vater des heutigen Oberbürgermeisters von Tübingen, seinen Obst- und Gemüsestand zur Reutlinger Speakers' Corner umwidmete. Während er Kopfsalat und Erdbeeren verkaufte, »döberte« (schimpfte) der Obsthändler auf »die da oben« und alles, was seiner Meinung nach falsch lief in Politik, Wirtschaft und Gesellschaft. Als ein echter Homo politicus mit scharfem Verstand und hitzigem Temperament trat Palmer als parteiloser Kandidat bei mehr als 250 Bürgermeisterwahlen in Baden-Württemberg an. Auch ins Reutlinger Rat- haus wollte der »Remstal-Rebell« einziehen.

Vergeblich.

Adresse Bauern- und Wochenmarkt, Marktplatz, 72764 Reutlingen-Innenstadt | **Anfahrt** in der Altstadt, am besten im Parkhaus Rathaus parken | **ÖPNV** Busbahnhof am Rathaus/Tübinger Tor, von dort 300 Meter zu Fuß | **Öffnungszeiten** Di 7–12.30 Uhr, Do (nur im Sommer) 7–12.30 Uhr, Sa 7–14 Uhr | **Tipp** Seit 2007 herrscht in der Reutlinger Markthalle im neuen Stadtquartier Obere Wässere täglich – außer sonntags – Marktatmosphäre. Dort gibt's das Beste von der Alb, italienische Delikatessen, Obst, Gemüse und vieles mehr, www.markthalle-reutlingen.de.

94 Das Rathaus und der Sturmbock

Krieg, Kunst und zwei Sturmböcke

Wer die Marienkirche mit offenen Augen umrundet, dem dürfte auch der Sturmbock aufgefallen sein. Als Reutlingen 1247 von den Truppen des Stauferfeindes und Gegenkönigs Heinrich Raspe belagert wurde, gelobten die Bürger, der Jungfrau Maria eine Kirche zu errichten, sollte das Heer abziehen. Dies geschah tatsächlich, und die Feinde hinterließen einen Rammbock: den Reutlinger Sturmbock.

Er diente mit seiner überlieferten stattlichen Länge von »126,5 Schuh« als Längenmaß für das Kirchenschiff der gotischen Marienkirche. Über 270 Jahre wurde er als Zeichen Reutlinger Unabhängigkeit und reichsstädtischen Stolzes in der Kirche aufbewahrt. Als Kaiser Maximilian I. jedoch spottete, die Reutlinger hätten ihre Kirche zu einem Bockstall gemacht, wollten die Bürger das nicht auf sich sitzen lassen. Sie schlugen ein Loch in die Kirchenmauer, um den knapp 40 Meter langen Rammbock hinauszubefördern. Ein Stein an der Kirche markiert noch heute die Stelle des Durchbruchs.

Neuer Standort des Sturmbocks war für über 200 Jahre das Rathaus, bis im großen Stadtbrand 1726 nicht nur vier Fünftel der Stadt, sondern auch Rathaus und Sturmbock vernichtet wurden. Zum 750-jährigen Geburtstag der Marienkirche wurde eine Nachbildung aufgestellt. Seither hat Reutlingen zwei Sturmböcke. Der andere ziert seit 1966 das Foyer im neuen Rathaus. Der Reutlinger Holzschneider HAP Grieshaber (siehe Ort 94) war mit der künstlerischen Ausgestaltung beauftragt worden. Um die Erinnerung an Sturmbock und Marienkirche wachzuhalten, schnitzte er 13 Szenen aus der Reutlinger Stadtgeschichte in einen zwölf Meter langen Holzstamm. Von diesen Abbildungen wurden einige wenige Abzüge gedruckt, bevor der Holzblock vor dem Sitzungssaal angebracht wurde. Dort ist er während der regulären Öffnungszeiten zugänglich.

Adresse Rathaus, Marktplatz 22, 72764 Reutlingen-Innenstadt, Tel. 07121 / 3030, www.reutlingen.de | Anfahrt in Reutlingen Richtung Innenstadt fahren, in der Rathausgarage parken | ÖPNV Busbahnhof am Rathaus / Tübinger Tor, von dort 300 Meter zu Fuß | Öffnungszeiten Mo – Fr 8 – 18 Uhr | Tipp Die Spreuerhofstraße in der Reutlinger Altstadt ist seit 2007 im Guinness Buch der Rekorde als »engste Straße der Welt« gelistet. An ihrer schmalsten Stelle misst sie nur 31 Zentimeter.

95 Das Städtische Kunstmuseum Spendhaus

Ein Haus für Neuen Holzschnitt

Zu seinen Lebzeiten echauffierten sich Spaziergänger gern über »den Gruscht« (= Gerümpel) rund um Atelier und Haus des Künstlers auf der Achalm. Doch mit wachsender Berühmtheit stieg das Bedauern vieler Reutlinger, dass HAP Grieshaber (1909 – 1981) ab 1947 bis zu seinem Tod auf Eninger Gemarkung lebte und man ihn deshalb nicht komplett für sich reklamieren konnte. Alles längst vergessen.

Im Nationalsozialismus konnte Grieshaber nur im Verborgenen künstlerisch arbeiten. Als Gegner der Diktatur hatte er ein Ausstellungs- und Berufsverbot. Seine ersten lebensgroßen Holzschnitte entstanden während seiner Tätigkeit an der Bernstein-Schule Anfang der 1950er Jahre. Der wohl bekannteste Künstler der Region hat den Holzschnitt zu einem Medium der modernen Kunst gemacht.

Grieshabers Holzschnitte zieren Neruda- und Theodorakis-Gedichte. Immer wieder aber thematisierte er seine Heimat, die Schwäbische Alb, in Holzschnitten von Landschaften und Tieren. In seinen Memoiren nannte er die Schwäbische Alb »jenes Stück Land, in das man kein Haus hineinbauen möchte und in dem man doch bleiben muss, weil das Leben nicht ausreicht, Wacholderheide und Wiesental in sich aufzunehmen«. Heute bilden seine Werke den Kern der Sammlung im Reutlinger Spendhaus. Dessen prächtiges, 1517 erbautes Fachwerkgebäude entstand in einer Zeit, in der der Holzschnitt in Deutschland seine erste Blüte erlebte. Zu Grieshabers größten Arbeiten zählt der Reutlinger Sturmbock (siehe Ort 93). Bevor das monumentale Werk 1966 ins neue Rathaus gebracht wurde, diente es als Druckstock für einige wenige Abzüge. Einer der lauschigsten Orte der Innenstadt ist der Park des Heimatmuseums, ehemals der Königsbronner Pfleghof. Umgeben von Klostermauern ist der Garten beliebt für Eheschließungen unter freiem Himmel und mit steinernen Zeugnissen der Stadtgeschichte aus Mittelalter und Renaissance ein beliebtes Fotomotiv.

Adresse Städtisches Kunstmuseum Spendhaus Reutlingen, Spendhausstraße 4, 72764 Reutlingen, Tel. 07121/3032322, www.reutlingen.de/spendhaus | **Anfahrt** Innenstadt Marktplatz, Parken in der Rathausgarage | **ÖPNV** Busbahnhof liegt 100 Meter vom Marktplatz entfernt | **Tipp** Die Spendhausgasse mitten in der Stadt weist eine außergewöhnliche Ballung von Kunst und Kultur auf. Das Spendhaus liegt neben der modernsten öffentlichen Bibliothek Baden-Württembergs und der meist frequentierten Volkshochschule Deutschlands.

96___Die Stadtmauerhäuser

Wohnidyll am Eisturm

Nach dem verheerenden Stadtbrand 1726 begannen die Reutlinger kleine Häuser an die Stadtmauer anzubauen. Zwischen Albtorplatz und Eisturm bilden die sorgsam restaurierten Häuschen einen der reizvollsten Winkel der Altstadt. Trotz ihrer Nähe zur betriebsamen Lederstraße und strengen Denkmalschutzauflagen sind sie begehrte Wohnobjekte. Wenn denn mal eins auf den Markt kommt …

Ihre Adresse an der Jos-Weiß-Straße erinnert an einen Moment, als die Freie Reichsstadt Weltgeschichte mitschrieb. Bei der Unterzeichnung der »Confessio Augustana« im Juni 1530 in Augsburg standen neben den Unterschriften der protestantischen Fürsten auch die der Reichsstädte Nürnberg und Reutlingen. Sie gehörten somit zu den Ersten, die sich zur Lehre Luthers bekannten. Die Unterschrift für Reutlingen leistete Bürgermeister Jos Weiß (1480 – 1542), an den eine Marmorstele und eine Grundschule erinnern.

Als die Reutlinger 1802 – Napoleon ordnete Europa neu – gegen ihren Widerstand Teil des damalige Herzogtums Württemberg wurden und den Status der Freien Reichsstadt verloren, wurden die in der Stauferzeit errichteten Stadtmauern und -türme eingerissen. Nur wenige Bauten zeugen heute von der Stadtbefestigung, etwa Tübinger- und Gartentor, Zwinger- und Kesselturm am Zeughausplatz. Von dort ist es ein Katzensprung in die Spreuerhofstraße, wo zwischen Haus Nr. 9 und dem Gebäude nebenan die engste Straße der Welt verläuft.

Der 31 Zentimeter schmale Spalt zwischen den Häusern hat es 2007 ins Guinness-Buch der Rekorde geschafft. Seither ist der Superlativ ein Alleinstellungsmerkmal, mit dem die örtlichen Tourismuswerber nur zu gern renommieren. New York hat den Broadway, Berlin den Kurfürstendamm, Paris die Champs-Élysées – und Reutlingen die unscheinbare Spreuerhofstraße. Längst sind die Hinweisschilder zur engsten Straße diebstahlsicher befestigt. Mehr als 20 Plaketten wurden schon gestohlen.

Adresse Jos-Weiß-Straße (südlich vom Albtorplatz), 72764 Reutlingen, www.reutlingen.de | **Öffnungszeiten** immer zugänglich | **Tipp** Gegenüber der Stadtmauerhäuser führt von der Lederstraße ein Zugang aufs Areal um die Markthalle, wo neben anderem auch zahlreiche Alb-Produkte erhältlich sind, etwa Nudeln von Alb-Gold, Albbüffel-Produkte beim Metzger Failenschmid oder Bio-Kimmicher (Kümmelbrötchen) vom BeckaBeck, Obere Wässere 3–7, Tel. 07121/14850, geöffnet Mo–Fr 9–19 Uhr, Sa 9–16 Uhr.

97___ Das Baumpalast Baumhaushotel

Zurück zur Natur – Über allen Wipfeln ist Ruh'

Pfahlbauten im Ostalbkreis? Die vermutet man eher in Unteruhldingen am Bodensee. Und doch: In Rosenberg gibt es sie, denn hier steht ein ganz besonderes Hotel. Ohne Dusche, dafür direkt in den Baumwipfeln, eben ein Baumhaushotel, in dem sich kleine und große Abenteurer Kindheitsträume erfüllen können.

Die sieben Häuschen stehen auf Holzpfählen mitten im Wald. Ihre Plattform mit dem Zimmeraufbau ist in die Baumkronen integriert. Und das alles in rund fünf Metern Höhe. Es gibt Stromanschluss, aber keine Wasserleitung. Dafür ist alles vorbildlich umweltfreundlich. Rindenmulch ersetzt die Klosettspülung. Das fließende Wasser im Handwaschbecken stammt aus dem Kanister. Dazu weiße Wände, weiße Bettlaken, heller Boden, große Terrasse und eine atemberaubende Aussicht ins Grüne. Holz statt Beton: außen Lärche, innen Fichte. So fügt sich das Hotel gut in seine natürliche Umgebung ein.

Jedes Baumhaus hat eine Grundfläche von 25 Quadratmetern. Im Vier-Personen-Haus gibt es neben einem Doppelbett auch ein Stockbett, einen Sitzplatz für vier Personen, einen großen Balkon und einen separaten Wasch- und WC-Raum. Überall ist Grün, aus welchem Fenster man auch hinausblickt. Im Baumhaushotel gehört Natur eben mit dazu. Kein Sport, keine Unterhaltung – nur Ruhe, sofern nicht grade Pilger und Wanderer vorbeikommen, die den hier entlangführenden Fränkisch-Schwäbischen Jakobsweg begehen.

Der Tag endet mit einem letzten Blick durch die Dachfenster in den Nachthimmel. Ein neuer Tag beginnt mit einem üppigen Frühstück, das ein Heinzelmännchen mit dem notwendigen Geschirr und Besteck gegen acht Uhr morgens im Picknickkorb auf die Terrasse stellt. Auf dem benachbarten Campingplatz Waldcamp am Hüttenhof können Baumhausgäste die sanitären Einrichtungen (Duschen, WC) mitbenutzen. Der eigene Grillplatz ist bereit zum Anfeuern.

Adresse Baumpalast Baumhaushotel, Hüttenhof 5, 73494 Rosenberg-Hüttenhof, Auskünfte und Reservierungen über die Zentrale, Tel. 0157/53175432 oder info@baumpalast.de, www.baumpalast.de | **Anfahrt** von Rosenberg aus auf der L 1060 Richtung Ellwangen, auf halber Strecke Richtung Adelmannsfelden abbiegen, Schildern Baumpalast Baumhaushotel folgen | **Tipp** Am Baumhaushotel führt der Fränkisch-Schwäbische Jakobsweg vorbei, daher eignet sich das Baumhaus auch als das etwas andere Pilgerquartier. Hinter dem Campingplatz laden drei Badeteiche zum Schwimmen ein.

98 Die Stadt der Türme

In 30 Sekunden auf 232 Meter Höhe

Der Turmbau von Rottweil ist 264 Meter hoch und damit höher als das Ulmer Münster und der Stuttgarter Fernsehturm. Er ist ein Turm der Superlative: In 30 Sekunden rast der Panorama-Aufzug zur höchsten Besucherplattform Deutschlands in 232 Metern Höhe. Von so weit oben schrumpft die Landschaft auf Spielzeuggröße, und der Blick reicht bis zu den Alpen.

Die Plattform auf dem höchsten Aufzugtestturm Europas ist ein Zuckerl für Besucher, denn er ragt nicht zur allgemeinen Bespaßung aus der Landschaft: Im Turm erforscht und testet der Aufzughersteller Thyssenkrupp in einem Dutzend Aufzugsschächten alles, was mit Aufzügen zusammenhängt. Allein in drei Schächten wird der »Multi« getestet, die erste seillose Antriebstechnik für Hochgeschwindigkeitsaufzüge. Dabei wird die Kabine von Magneten gehalten, ähnlich wie eine Magnetschwebebahn in der Vertikalen.

Der Turm hat 40 Millionen Euro gekostet, entstanden ist das höchste Gebäude in Baden-Württemberg. Seine Stoffhülle aus Glasfasergewebe und ein ausgeklügeltes Lichtsystem lassen den Turm je nach Wetterlage und Zeit immer wieder anders aussehen und leuchten. Aus Sicherheitsgründen dürfen maximal 199 Personen gleichzeitig hinauf.

Bald soll die mit 600 Metern längste Fußgänger-Hängebrücke der Welt die Rottweiler Altstadt und das Gebiet um den Testturm verbinden. Dann wächst noch mehr zusammen, was zusammengehört: der Turm und die älteste Stadt in Baden-Württemberg, die den Beinamen »Stadt der Türme« trägt. Bereits 1240 wurde dort das Schwarze Tor erbaut: 54 Meter hoch, 3,40 Meter dicke Mauern, einst Zugang zur Stadt, später Gefängnis, schließlich Jugendraum und immer Wahrzeichen der Stadt. Ebenso hoch ist der staufische Buckelquader-Hochturm. Dazu kommen prächtige Bürgerhäuser, idyllische Gässchen und beeindruckende Kirchen, nicht zu vergessen der »Rottweiler Narrensprung«, ein Höhepunkt der schwäbisch-alemannischen Fasnet.

Adresse Thyssenkrupp Testturm, Berner Feld 60, 78628 Rottweil, Tel. 0741/20823701. Tickets unter https://tickets.testturm.de/tickets. | **Anfahrt** In Rottweil von der B 27 beziehungsweise L 423 der Beschilderung folgen, der Turm liegt circa 1,5 Kilometer von der Altstadt entfernt, Parken ist kostenpflichtig | **ÖPNV** wochentags Stadtbus 5011 vom Bahnhof Rottweil direkt zum Turm; Sa, So Rufbus, mindestens eine Stunde vor Fahrtbeginn, Tel. 0741/94298835 | **Öffnungszeiten** Fr, So und Feiertage 10–18 Uhr, Sa 10–20 Uhr (letzte Auffahrt: 30 Minuten vor Schließung) | **Tipp** Zum Tower Run im Herbst bleiben die Aufzüge unbenutzt, die Teilnehmer rennen die 1.390 Treppenstufen bis zur Besucherplattform hinauf. Die schnellsten schaffen es in unter sieben Minuten.

99 Das Hotel Burg Staufeneck

Vom Kiosk zum Burghotel

Mehr Anerkennung als die von Kollegen geht nicht. Wer mit dem Branchenpreis »Hotelier des Jahres« ausgezeichnet wird, hat Großes geleistet. Im Jahr 2011 ging diese Ehre an das Betreiber-Quartett von Burg Staufeneck: Heike und Rolf Straubinger sowie Karin und Klaus Schurr. Die vier sind die dritte Generation einer emsigen Familie, die aus einer Burgruine der Stauferzeit ein Sternerestaurant mit Luxushotel und regem Eventleben gemacht hat. Auf ihrer Burg, hoch über Salach, wird feste »g'schafft«. Ohne Fleiß kein Preis.

Angefangen hat es 1927, als die Großmutter einen Kiosk für Wanderer eröffnet. 1973 übernimmt die zweite Generation Straubingers die inzwischen entstandene Gastwirtschaft, kauft 1990 der Stadt Böblingen die Burgruine ab und startet durch. Sohn Rolf übernimmt nach Lehr- und Wanderjahren die Küche, Schwester Karin heiratet ihren Jugendfreund Klaus Schurr, und gemeinsam mit Rolfs Frau Heike legen sich alle für ihr mittelständisches Familienunternehmen ins Zeug. Sie renovieren Wirtschaftsgebäude, Remisen und Scheunen, zwei Jahre später steht das Hotel (44 Zimmer).

Die Burgherren von Staufeneck meistern den Spagat zwischen Ausflugsziel, Eventlocation und Gourmetadresse mit Geschick. Denn überregional fast noch bekannter als das Hotel mit seinem beheizten Panoramapool ist das Gourmetrestaurant. Den Michelin-Stern haben sich Rolf Straubinger und sein Team erstmals vor über 20 Jahren erkocht und seither alljährlich verteidigt. Schwellenangst ist übrigens unbegründet. Im Burgrestaurant und auf der Panoramaterrasse sitzt man mit Blick ins Filstal bei Menüs und Gerichten, die schwäbische Lebenslust mit mediterraner Eleganz verbinden. Im Burgbistro locken mit den »Schwabereien« Klassiker, denen die Küche neuen kreativen Pfiff verleiht. Im Keller liegen 900 Weine, darunter die besten Württemberger. Außerdem Kochschule, Gourmetlädle und ein Raritätenweinkeller.

Adresse Hotel Burg Staufeneck, 73084 Salach, Tel. 07162/933440, www.burg-staufeneck.de |
Anfahrt Hinter den letzten Häusern von Salach geht es über Serpentinen immer bergauf
bis zur Burg | **ÖPNV** mit dem Regionalzug von Göppingen über Salach bis Süßen und
25 Minuten Fußmarsch | **Öffnungszeiten** ganzjährig geöffnet | **Tipp** Wer wissen möchte, wie
Profis kochen, darf beim Kochkurs dem Sternekoch Rolf Straubinger auf die Finger schauen
und das Erlernte vor Ort in die Tat umsetzen; anschließend wird gemeinsam gegessen. Im
ehemaligen Rittersaal der Burgruine können sich Verliebte unter freiem Himmel trauen lassen
und auch gleich feiern.

100__ St. Salvator

Der heilige Berg der Gmünder

In der ältesten Staufer-Stadt Südwestdeutschlands drängt sich Baukunst aus über 800 Jahren, die man am schönsten am Gmünder Marktplatz auf sich wirken lassen kann. Ein einzigartiges Kleinod thront über der Stadt.

Auf dem Nepperberg steht die doppelgeschossige Felsenkapelle St. Salvator, die der Steinmetz Caspar Vogt vor 500 Jahren in den Fels gehauen hat.

Am ehemaligen Güterbahnhof beginnt der Kreuzweg hinauf zur Wallfahrtsstätte St. Salvator. Über Kopfsteinpflaster geht es bergan, ganz wie damals, als der Pilgertourismus frommer Glaubenswanderer üppige Spendengelder einbrachte, von denen die Kapuzinermönche im Konventgebäude auf dem Berg kommod leben konnten. Den Weg säumen Bildstöcke und Kapellenhäuschen mit lebensgroßen Darstellungen der Passion Christi.

Vogts Meisterwerk ist jedoch das Relief in der Felsenkirche mit der Ölbergszene, das die dramatischen Geschehnisse der letzten Nacht Jesu erzählt.

Vor der Felsenkirche liegt ein Plateau mit wunderbarer Aussicht auf Schwäbisch Gmünd und die drei Kaiserberge. Nur hier, auf der Hopfenterrasse der Salvatorklause (geöffnet samstags 13 bis 20 Uhr, sonntags 11 bis 20 Uhr) im alten Flaig'schen Berghäusle, wird »Salvator Näpperle mit Schnäpperle« ausgeschenkt, ein Bio-Lagerbier mit Bügelverschluss.

Viele Jahre lag das Areal im Dornröschenschlaf, bis sich der 2010 gebildete Salvator-Freundeskreis des Kleinods auf dem Nepperberg annahm.

Seine Mühen haben sich gelohnt. Der sagenumwobene heilige Berg der Gmünder zeugt von einer in dieser Form einzigartigen Sakralkunst, doch auch von Engagement und Bürgerfleiß.

Heute gehört St. Salvator zur Münstergemeinde Heilig Kreuz; jeden Monat finden Wallfahrtsmessen und Kreuzwegandachten statt.

Adresse Nepperberg, 73525 Schwäbisch Gmünd, www.schwaebisch-gmuend.de/2698-St_Salvator.html | **Anfahrt** im Ortskern bis zum Bahnhof, dort gibt es ein Parkhaus | **ÖPNV** mit dem Zug bis Bahnhof | **Öffnungszeiten** jederzeit öffentlich zugänglich | **Tipp** Die Landesgartenschau 2014 bescherte der Staufer-Stadt eine wunderbare Uferpromenade entlang der Rems, und in der historischen Villa Hirzel hat sich ein schmuckes Hotel-Restaurant mit großer Terrasse und tollem Blick auf die Stadt etabliert (Remspark 2, Tel. 07171/877390).

101__ Der Heilpflanzengarten

Jedem ist ein biodynamisches Kraut gewachsen

Fast alles, was wächst, kann man auch als Heilpflanze verwenden. Im über 80 Jahre alten Heilpflanzengarten des Arzneimittelherstellers Weleda wachsen mehr als 250 Pflanzenarten, gehegt von zwei Dutzend Gärtnern nach biologisch-dynamischer Wirtschaftsweise, ganz ohne Einsatz von Maschinen und Chemie. Auf der Hochebene über der Stadt kann man den ganzheitlichen Ansatz im Heilpflanzengarten eindrucksvoll erleben – und erschnuppern.

Mit über 20 Hektar Fläche ist er Europas größter derartiger Kräutergarten. Blühende Felder mit Sonnenhut oder ein Meer orangefarbener Calendula-(Ringelblumen-)Blüten begeistern die Besucher. Lavendel, Rosmarin oder Rosen sind allesamt wichtige Rohstoffe für die Herstellung natürlicher Körperpflegemittel.

16 Tonnen Pflanzen werden jedes Jahr hier von Hand geerntet. Um nicht auf Wildpflanzen zurückgreifen zu müssen, wachsen Arnika, Herbstzeitlose, Maiglöckchen, Bärentraube und viele mehr in Beeten.

Herzstück dieses riesigen Biotops ist das Besucherzentrum, wo man durch Glasscheiben dem Herstellungsprozess von Tinkturen folgen und zusehen kann, wie die Pflanzen quasi direkt vom Feld in die Tube wandern.

Kinder fasziniert vor allem die Schilfkläranlage, die Trinkwasserqualität hervorbringt. Ein besonderes Highlight im Garten ist der Klangpavillon: Dort versetzen Töne Wasser in Schwingungen und lassen Wellenbilder entstehen, die an Blüten erinnern und damit einen rein ästhetischen Zweck erfüllen. Den Garten kann man nur im Rahmen von Führungen nach Voranmeldung besichtigen. Immerhin wachsen dort einige der giftigsten Pflanzen unserer Breiten, etwa der blaue Eisenhut, das Bilsenkraut und andere, die in homöopathischer Dosierung in Arzneimitteln verwendet werden. Im Erlebniszentrum gibt es einen Shop mit dem Gesamtsortiment und ein Café mit Sonnenterrasse.

Adresse Weleda Heilpflanzengarten und Erlebniszentrum, Am Pflanzengarten 1, 73527 Schwäbisch Gmünd-Wetzgau, Tel. 07171 / 9198011, www.weleda-naturals.de | **Anfahrt** B 29, Abfahrt Schwäbisch Gmünd West, Großdeinbach, der Beschilderung »Großdeinbach« folgen, dann dem Schild nach rechts zu »Weleda Naturals« | **Öffnungszeiten** Fr 11 – 17 Uhr sowie an bestimmten Tagen, Führungen nach telefonischer Vereinbarung | **Tipp** Schwäbisch Gmünd und seine Kirchen sind für Architektur- und Kirchenfans Pflichtprogramm. Das Heilig-Kreuz-Münster aus dem 14. Jahrhundert ist die größte Hallenkirche Süddeutschlands, sehenswert auch die romanische Johanniskirche und die gesamte Altstadt mit Rathaus, Grät, Kornhaus, Türmen und Toren, www.schwaebisch-gmuend.de.

102 Das Sigmaringer Schloss

Alles in Butter!

Schon von Weitem ist Schloss Sigmaringen zu sehen. Es thront auf einem Felssporn über Donau und Stadt und ist doch mittendrin im quirligen Leben. Einstmals als Burganlage erbaut, ist es seit 1535 Stammsitz des Hauses Hohenzollern-Sigmaringen und beherbergt heute in einigen seiner 462 Zimmer, Türme, Erker und Terrassen ein Museum.

Der amtierende Fürst Karl Friedrich von Hohenzollern ist ein Mann der Gegenwart. Er fährt Motorrad, spielt Saxophon in einer Jazzband und ist Unternehmer. Doch auch er, die elfte Generation des Adelshauses, ist stets dem Wahlspruch der Familie verpflichtet: »Nie ohne Gott«. So steht es über dem Torbogen eingemeißelt.

Das erhabene Sigmaringer Fürstenschloss gilt als »hidden champion«, steht es doch, was die Besucherzahlen betrifft, – noch – im Schatten der weitaus berühmteren Burg Hohenzollern bei Hechingen.

Und das, obwohl Sigmaringen alles bietet, was Besucher von einem Schloss erwarten: Prunksäle, unzählige in neun Jahrhunderten zusammengetragene Kunstschätze, prachtvolle Kutschen und Sänften im Marstallmuseum und die mit 3.000 Exemplaren größte private Waffensammlung Europas.

Von der Kanonenhalle führt eine Schreittreppe – mit extraflachen Stufen, damit man in Rüstung oder prunkvollem Kleid majestätisch schreiten kann – in die original möblierten Repräsentationsräume. Über die venezianischen Spiegel und Lüster wissen die Schlossführer zu berichten, dass diese »in Butter« angeliefert wurden. Nur so konnten die sensiblen Kunstwerke den Transport über die Alpen heil überstehen. Man erfährt auch viel über Fürstin Amalie Zephyrine. Dank bester Beziehungen zum napoleonischen Hof in Paris gelangen ihr Erhalt und Souveränität des Fürstentums Hohenzollern-Sigmaringen zugunsten ihres Sohnes Karl. Heute hat die fürstliche Unternehmensgruppe ihren Sitz im Schloss.

Adresse Karl-Anton-Platz 8, 72488 Sigmaringen, Tel. 07571/729230, www.schloss-sigmaringen.de | **Anfahrt** im Ort den Schildern »Schloss« folgen | **ÖPNV** rund 600 Meter vom Bahnhof oder circa 10 Gehminuten | **Öffnungszeiten** Nov.–März 10–17 Uhr; April–Okt. 9–18 Uhr | **Tipp** Die Hofkonditorei Café Seelos am Marktplatz ist bekannt für hervorragende Backwaren, berühmt jedoch für ihre Hohenzollern-Torte mit Schokoladen- und Rumbuttercreme.

103 Der Schaukelweg

Schaukeln bis zum Abwinken

Spazieren und Schaukeln? Dann nix wie los zum Schaukelweg. Zwischen Laizer Wehr und Hängebrücke hinter dem Festplatz stehen auf vier Kilometern des Donauradwegs ein Dutzend Schaukeln. Wie gemacht für Familien, deren Kinder einen (Sonntags-)Spaziergang wenig prickelnd finden. Auf einem Schaukelweg gilt: schaukeln bis zum Abwinken und dazwischen ein bisschen »wandern«.

Ob Reifen- oder Korbschaukeln, eine richtig hohe Himmelsschaukel oder Doppel-Hängesitz: Die Namen sind oft kurios, doch phantasievolle Bauten wie Matrosenschaukel lassen Jung und Alt im Wortsinn »abheben«. Es gibt auch eine Dreier-Königinnen-Schaukel und den Kinderfavoriten, das Mastkreuzpendel.

Der Schaukelweg ist geteert, ohne Steigungen und somit für Buggy bis Rollstuhl geeignet. An der vierten Schaukel können Rollstuhlfahrer mit Hilfe einer kleinen Rampe in einen schwingenden Kasten fahren und schaukeln, was die Reifen halten. Der Rundweg führt an einem renaturierten Teilstück der Donau und einem Naturbeobachtungsturm vorbei, hin und zurück geht es am jeweils anderen Ufer.

Die Idee der Schaukelwege ist relativ neu, es gibt kaum eine Handvoll, die meisten in Österreich. Da Schwaben jedoch in aller Welt herumkommen, brachte ein polyglotter Sigmaringer die Idee zum Schaukelweg mit. Sie fand Gefallen und ist seither ein beliebtes Andenken an die Landesgartenschau 2013 in Sigmaringen. Die Anzahl der Familienspaziergänge entlang der jungen Donau soll deutlich in die Höhe geschnellt sein. Als Ausgangspunkt empfiehlt sich das Parkgelände bei der Stadthalle (Georg-Zimmerer-Straße) oder der Parkplatz direkt am Bootshaus (In den Burgwiesen). Von beiden Parkplätzen aus gelangt man direkt auf den Schaukelweg.

Laiz ist übrigens Heimatort von Ministerpräsident Winfried Kretschmann. Die Familie bewohnt unterhalb der Kirche St. Peter und Paul das ehemalige Gasthaus Lamm, erkennbar am grünen Bewuchs.

Adresse Kostenloser Parkplatz am Bootshaus-Restaurant, In den Burgwiesen 9, 72488 Sigmaringen, Tel. 07571/6867100, Mo–So 10–22 Uhr, www.bootshaus-sig.de | **Anfahrt** Käppelswiesen / Burgwiesen bis Bootshaus | **ÖPNV** am Bahnhof Sigmaringen an den Schildern »Donauradweg« orientieren | **Öffnungszeiten** immer zugänglich | **Tipp** »Wassertreten« mit Schlossblick in der Kneippanlage unmittelbar am Donauufer / Donauradweg, immer frei zugänglich, kein Eintritt, Infos: www.sigmaringen-kneippverein.de.

104_ Die Alb-Rakete Natter

Der erste Mann im Alb-Raum

Seit über 100 Jahren ist Stetten vor allem als Militärstandort bekannt. Dort, im Lager Heuberg, schlummert auf 866 Metern eine beachtenswerte Militärgeschichtliche Sammlung. In der »Offiziersspeiseanstalt« aus dem Jahr 1915 werden der Alltag der Soldaten wie auch die militärische Entwicklung dokumentiert. Von der Kaffeetasse aus der Kaiserzeit über Waffen, Uniformen und Bilder bis zum Kampfpanzer Leopard der Bundeswehr werden über 100 Jahre Militärgeschichte der Garnison lebendig.

Mittelpunkt der Ausstellung ist der Nachbau einer »Natter M-23«. In Originalgröße und 1,5 Tonnen schwer ragt sie in ihrem Startgestell fast bis zur Decke der Museumshalle. Die Geschichte darum ist spannend und endet tragisch. Denn hier auf dem Heuberg fand am 1. März 1945 der erste bemannte Raketenflug der Weltgeschichte statt, also lange vor Gagarin, Gemini und Apollo. Damals hob das Raketenflugzeug »Bachem BA 349 Natter« ab. Noch bis 1945 hatten die Nazis fieberhaft an Geheimprojekten gewerkelt, um doch noch eine Wende im Weltkrieg herbeizuführen. Eines davon war das senkrecht startende Einweg-Flugzeug mit Raketenantrieb, das feindliche Bomber vom Himmel holen sollte. Tödlich war es am Ende nur für seinen Piloten Lothar Sieber. »55 Sekunden lang schien der Flug wie geplant zu verlaufen, doch dann sahen die Beobachter am Horizont plötzlich einen Punkt in die Tiefe stürzen«, berichtete die Hohenzollerische Zeitung. An der Absturzstelle wurden über 200 Einzelteile sichergestellt, unter anderem die beinahe unversehrt gebliebene Spitze der Rakete, die jetzt im Gebäude 73 im Lager Heuberg ausgestellt ist.

Insgesamt 36 Nattern wurden gebaut, 20 wurden für Tests genutzt, fast alle wurden von den Alliierten zerstört. Ein Nachbau steht im Deutschen Museum in München, einige haben das National Air & Space Museum in Washington D.C. und das Fantasy of Flight Museum in Polk City, Florida.

Adresse Gebäude 73 im Lager Heuberg, 72510 Stetten am kalten Markt, Tel. 07573 / 5042704, www.mgs-stetten.jimdo.com | **Anfahrt** von Sigmaringen die B 463 bis zur L 218, Richtung Stetten, im Ort den Schildern »Heuberg« folgen, Zugang ausschließlich über Fußweg ab Parkplatz Soldatenheim »Haus Heuberg«, Hardstraße 47, Fußweg | **ÖPNV** Bus 7427, 641, 90 von Sigmaringen, Haltestelle Albstraße, circa 1 Kilometer Fußweg | **Öffnungszeiten** jeder 1. Sonntag im Monat, 10–17 Uhr | **Tipp** Südöstlich von Kirchheim unter Teck sind im Waldstück Hasenholz die Reste dreier Abschussrampen der Bachem Ba-349 Natter zu sehen.

105_ Die Marke Albmerino

Mode made in Gächingen

Einst war die Alb eine Textilhochburg. Noch vor 50 Jahren stand in jeder Garage und in jedem Keller eine Strickmaschine. Heimarbeit für die boomende Textilindustrie hielt viele Familien über Wasser. Umso mehr Furore machte die Designerin Veronika Kraiser, als sie vor bald 20 Jahren mit ihrer Textilfirma Flomax in Gächingen an den Start ging. Die gelernte Schneiderin und Direktrice traf mit ihrer Naturmode-Kollektion aus zertifizierten Rohstoffen den Nerv der Zeit. Vor einigen Jahren begann sie zusätzlich ein gewagtes Modeexperiment. Sie rief die Marke »Albmerino« mit Artikeln aus Schafwolle direkt von der Alb ins Leben. Das war Neuland, denn das Thema Wolle gilt bei den Schäfern der Alb seit Jahrzehnten als abgehakt. Den Verfall der Wollpreise versuchten sie zu kompensieren, indem sie sich vor allem der Fleischqualität ihrer Herden widmeten. Schurwolle war zum unrentablen Nebenprodukt geworden.

Nicht so beim Münsinger Stadtschäfer Gerhard Stotz. Er hat bei seiner Herde stets auch auf gute Wollqualitäten geachtet. Und er wollte die Abwertung der Schafwolle nicht tatenlos hinnehmen. Schafer und Designerin lernten sich auf einem Sockenstrick-Festival kennen und wurden Verbündete. Mit Herstellung und Vermarktung ihrer Schafwollmarke Albmerino betraten sie Neuland. Für die Modelinie aus regionaler Wolle wählte Stotz die Albmerino-Landschafe seiner Herde wegen ihrer feinen und langen Haare. Kaum geschoren, begannen die Probleme für die beiden: 2009 hatte die letzte deutsche Wollwäscherei zugemacht. Es gab keine Möglichkeit mehr, die Wolle im Inland zu waschen oder zu spinnen. Die Lösung: Die Albmerinowolle reist in die letzte verbliebene Wollwäscherei nach Belgien und von dort zur Garnspinnerei nach Frankreich.

Trotz aller Hürden konnte Albmerino 2009 als erstes Produkt Armstulpen vorstellen. Inzwischen ist die Albmerino-Kollektion made in Gächingen, mit Shop und Glaswand zur Fertigung, auf ein Sortiment für die ganze Familie sowie eine Home Collection angewachsen.

Adresse Veronika Kraiser, Flomax Naturmode GmbH, Braikeweg 6, 72813 St. Johann-Gächingen, Tel. 07122/528, www.flomax.de | **Anfahrt** L 380 von St. Johann nach Gächingen, von Münsingen die K 6701, im Gächinger Ortskern an der Hauptstraße/ Gächinger Straße in den Braikeweg abbiegen | **ÖPNV** Bus 7643, Haltestelle Gächingen | **Öffnungszeiten** Di – Fr 10 – 13 und 14 – 18 Uhr, Sa 10 – 14 Uhr | **Tipp** An der Parkstraße befindet sich die Alb-Metzgerei Failenschmid, wo man beste schwäbische Fleisch- und Wurstprodukte, auch vom Albbüffel, kaufen kann. Im benachbarten Gasthof Hirsch kommt das Beste der Alb auf den Tisch (Tel. 07122/82870, geöffnet täglich 11 – 20 Uhr, Mi Ruhetag).

106__ Das Schwäbische Alb-Gold

Inszenierte Nudelwelt

Vom Hühnerstall zur Tourismusattraktion mit 300.000 Besuchern jährlich: So lautet die Kurzform einer Erfolgsgeschichte, die vor bald 50 Jahren in Trochtelfingen ihren Anfang nahm. Der ehemalige Firmenchef Klaus Freidler (1958–2010) baute quasi aus dem Nichts eine Attraktion rund ums Schwäbische Gold auf: die Nudel.

Heute ist Alb-Gold der zweitgrößte Nudelhersteller Deutschlands und die Produktionsstätte eine Mischung aus Landsupermarkt, Gastronomie, Kochstudio, Seminarzentrum, Kräutergarten, Erlebnisspielplatz und Kundenzentrum mit gläserner Produktion. Dort erleben rund 40.000 Besucher alljährlich live, wie aus Eiern (aus Bodenhaltung!) und Hartweizengrieß (aus Europa statt aus Übersee!) bis zu 60 Tonnen Nudeln täglich hergestellt werden, und erfahren, wie Nudeln in Form von Tieren oder Buchstaben entstehen.

In einer begehbaren Makkaroni-Röhre wird die Vielfalt von sage und schreibe über 150 verschiedenen Nudelformen in Bio- und konventioneller Qualität greifbar. Für jede Ess-Gelegenheit gibt es nämlich die passende Nudel, die mal mehr, mal weniger Soße aufnimmt, für dünne oder dickere Soßen oder Suppen geeignet ist. Im Frühjahr öffnet der zwei Hektar große Schau- und Erlebnisgarten mit über 1.000 Pflanzensorten seine Pforten. Er wurde eigens angelegt, um den Reichtum heimischer Kräuter- und Gewürzpflanzen aufzuzeigen.

An Alb-Gold kommt keiner vorbei. Wer Tourismus-Prospekte über die Alb anfordert, stößt stets auf Werbeanzeigen des Nudelherstellers, der immerhin eine *der* Touristenattraktionen der Alb ist. Alb-Gold gehört auch zu den Initiatoren des Projekts »Schwäbischer Alb-Dinkel«, das das seit Generationen auf der Schwäbischen Alb beheimatete Urgetreide wieder anbaut und unter dem Bioland-Label vermarktet. Diese und viele andere Regionalprodukte stehen im Alb-Gold-Landmarkt zum Verkauf.

Adresse Alb-Gold Teigwaren GmbH, Grindel 1, 72818 Trochtelfingen, Tel. 07124/9291155, www.alb-gold.de | **Anfahrt** Das Areal liegt an der B 313 zwischen Trochtelfingen und Engstingen. | **ÖPNV** Hohenzollerische Landesbahn Buslinie 400, Haltestelle »Alb-Gold« | **Öffnungszeiten** Führung (nach Voranmeldung): Mo–Fr 11.30 Uhr (Dauer 60 Minuten) und 14.30 Uhr (während der Schulferien in Baden-Württemberg); Alb-Gold-Landmarkt: Mo–Sa 9–20 Uhr, So 11–18 Uhr | **Tipp** Nur zehn Kilometer entfernt lockt das Theater Lindenhof Melchingen mit einem vielseitigen Spielplan. Hervorgegangen aus der Studentenbewegung, haben Theaterbesessene anno 1981 um die Dorfwirtschaft »Linde« herum ihr inzwischen weitbekanntes (Volks-)Theater etabliert, www.theater-lindenhof.de.

107 Das Deutsche Dampflok- und Modelleisenbahnmuseum

Den Traum vom Lokführer (er)leben

Das Original-Bahnbetriebswerk ist ein Unikat. 1933 eröffnet, ist es eine der letzten funktionstüchtigen Lok-Drehscheiben Deutschlands. Dampfgetriebene Raritäten wie die Dampflok Anna I und 25 weitere stehen im Mittelpunkt dieses einmaligen Museums. Die Lokomotiven erinnern an Zeiten, als kleine Jungs nur einen Berufswunsch kannten: Lokomotivführer werden. Wie es sich anfühlt, ins Führerhäuschen zu steigen? Ausprobieren, es ist ausdrücklich erlaubt. Alles kann man besichtigen, das Verwaltungsgebäude, den siebenständigen Ringlokschuppen, die voll funktionsfähige 21-Meter-Drehscheibe zum Rangieren von Loks und Wagen sowie die erhaltenen Bekohlungsanlagen.

Wer noch nie eine Dampflok gesehen hat, den haut schon die schiere Größe der dampfenden Ungetüme um. Auf dem vier Hektar großen Freigelände lassen mehrere Diesellokomotiven, Personen-, Schlaf- und Güterwagen aus der Dampflok-Ära ein Stück Eisenbahn-Geschichte lebendig bleiben. Zu den Raritäten gehören die im Originalzustand erhaltenen Dampflokomotiven der Baureihen 78, 41, 44 und 50 und die Personenzugtenderlokomotive 78 192. In den riesigen Hallen riecht es nach Öl und alten Maschinen, und man meint, auch den Schweiß der Arbeiter zu riechen. Die Wartung der Dampfloks in den riesigen Hallen der historischen Anlage war schwere körperliche Arbeit.

Gelegentlich wird eine der »Köfs« (= Kleinlokomotive) angeworfen, aus dem siebenständigen Ringlokschuppen auf die 21 Meter große Drehscheibe gefahren, gedreht und eine Strecke gefahren. Das Museum ist eine Privatinitiative der Familie Girrbach, die der Deutschen Bahn einst das verwilderte Bahnbetriebswerk Tuttlingen abgekauft hat. Sie kauften in ganz Deutschland alte Loks auf, um sie vor dem Verschrotten zur retten und für die Nachwelt zu erhalten. Heute ist die Anlage Museum und Event-Location für Feiern aller Art.

Adresse Deutsches Dampflok- und Modelleisenbahnmuseum, Bahnbetriebswerk, 78532 Tuttlingen, Tel. 07461 / 9116827, www.bahnbetriebswerk-tuttlingen.de | **Anfahrt** in Tuttlingen der Beschilderung folgen | **ÖPNV** vom Hauptbahnhof Tuttlingen zu Fuß / Fahrrad am Donauradweg entlang Richtung Dampflokmuseum (circa 20 Minuten) | **Öffnungszeiten** 1. Mai − 3. Okt. So, Feiertage 10 − 17 Uhr und nach Vereinbarung | **Tipp** Relaxen in der Golem Lounge auf dem gegenüberliegenden Flussufer, an der Donau entlang Richtung Stadtmitte: Coole Drinks, Füße im Sand, Blick aufs Wasser.

108_ Die Burg Wäscherschloss

Wiege der Staufer – Stammland schwäbischer Kaiser

Wirken, Taten und Werke der Staufer prägten weite Teile des christlichen Abendlandes und seiner Geschichte im 12. und 13. Jahrhundert.

Der Herrscher mit dem roten Bart ist Legende im Land: Kaiser Friedrich I. »Barbarossa«, der Mann aus dem Schwäbischen, der eine der bedeutendsten Herrscherdynastien des Hochmittelalters begründete und auf dem Weg ins Heilige Land 1190 den Tod fand.

Die Zeugnisse des schwäbischen Kaisergeschlechts in seinem Stammland sind zahlreich und trotz ihres hohen Alters überraschend gut erhalten. Solide gebaut halt. Eins davon ist die Burg Wäscherschloss – auch Wäscherburg genannt – im Ortsteil Wäscherhof. Fünfeckig, staufisch und in schönster Lage sitzt der Bau auf einem Bergsporn über dem idyllisch verschlafenen Beutental: als ältestes Zeugnis staufischen Burgenbaus.

Die Ringmauer aus Buckelquaderwerk ist zehn Meter hoch, zwei Meter dick und umschließt die Anlage. Innerhalb der Mauer erhebt sich das wehrhafte Wohnhaus. Wer die Burg wann erbauen ließ, ist nicht überliefert. Verbrieft ist, dass im 11. Jahrhundert die Herren von Büren auf der Burg saßen, sich später Staufer nannten und auf den Gipfel des Hohenstaufen umzogen. Somit liegt die Wiege der Dynastie im Wäscherschloss.

Dass sich hier die Hofwäscherei der Staufer befunden habe, entbehrt der Logik, weil die aus staufischem Geschlecht stammenden Könige und Kaiser hier nie Hof hielten. Auch die angebliche Tändelei Barbarossas mit einer Wäscherin gehört wohl ins Reich der Legenden, obwohl das Wappen der Gemeinde bis heute eine Wäscherin mit Waschbrett und -zuber ziert. Ihren Namen bekam die Dienstmannenburg der Staufer wohl im frühen 13. Jahrhundert: Sie wurde Konrad »dem Wascher« zugesprochen.

Die Wäscherburg liegt in Sichtweite – und Wanderdistanz – der drei Kaiserberge Hohenstaufen, Rechberg und Stuifen.

Adresse 73116 Wäschenbeuren, Tel. 07172/9152111, www.waescherschloss.de | **Anfahrt** auf der B 297 Lorch−Göppingen bis Wäschenbeuren, dort auf die Wäscherhofstraße/K 1405 und später in die K 1406 zum Schloss abbiegen | **ÖPNV** mit Bus 11, 12 nach Wäschenbeuren, Haltestelle Wäscherhofstraße | **Öffnungszeiten** April−Okt. Do−So 11−17 Uhr, weitere Termine auf Anfrage; Führungen Mai−Okt. So und Feiertage 15 Uhr | **Tipp** Erholung von den Staufern? Für seine exzellenten Torten, Kuchen und Gerichte wie Kässpätzle wird das Café Mann gelobt (Manfred-Wörner-Platz 2, Wäschenbeuren, Di−So 9−22 Uhr, Tel. 07172/9141092).

109 __ Die Handwerksbäckerei

Mit Laib und Seele – Brot vom Semmelrebell

Jeder, der zum Sonntagsfrühstück frische Brötchen genießt, müsste – eigentlich – den Bäcker Mack aus Westhausen preisen. Der Streiter gegen Nachtbackverbot und Ladenschlusszeiten ging im Revoluzzer-jahr 1968 als »Semmelrebell« in die deutsche Bäcker-Geschichte ein.

Heute beweist der umtriebige Bäckermeister in dritter Genera-tion, dass man auch als Großbäcker handwerklich arbeiten kann. Aus dem 1925 auf der Ostalb gegründeten Familienbetrieb hat er einen straff organisierten Handwerksgroßbetrieb gemacht: mit 42 Filialen von Schwäbisch Hall bis Nördlingen, von Gundelfingen bis Crails-heim, und gut 600 Mitarbeitern. Alles unterliegt dem selbst formu-lierten Reinheitsgebot: Von Natur aus gesund. So lautet des Bäckers Werbeslogan, da ausschließlich natürliche Rohstoffe verwendet wer-den. Wer sehen will, wie traditionelles Handwerk in großem Stil funktioniert, kommt zur Betriebsbesichtigung in die »offene« Back-stube: morgens um vier Uhr, wenn am Stammsitz in Westhausen Tei-ge geknetet und Brezeln geformt werden und die Öfen glühen.

Das wäre an sich nichts Besonderes, würde bei Mack nicht Brot gebacken, das auch in deutschen Spitzenhotels und restaurants auf die Tische kommt. Die »Brotsinfonie« aus Westhausen gilt bei Ho-telketten wie Kempinski und Steigenberger, bei Alfons Schuhbeck, der Vereinigung der Jeunes Restaurateurs und vielen ersten Adressen der gastlichen Branche als Kult. Dabei handelt es sich um vorgeba-ckene Brotstangen in sieben Sorten, die mit naturreinem Sauerteig und langer Teigführung hergestellt, und europaweit verschickt wer-den. Am Konzept mitgebastelt hat Sternekoch Jockl Kaiser vom Wirtshaus Meyers Keller in Nördlingen. Er hatte das Mack-Brot für sein Restaurant »entdeckt«, es Kollegen empfohlen und dadurch »Mack-Westhausen« auf die Gourmet-Landkarte befördert. Obwohl für die Gastronomie gedacht, können auch Privatkunden die Spezi-albrote auf Vorbestellung in einer Mack-Filiale kaufen oder per Brot-Abo ins Haus liefern lassen.

Adresse Handwerksbäckerei Mack, Baiershofener Straße 6, 73463 Westhausen, Tel. 07363 / 95280, www.handwerksbaeckereimack.de | **Anfahrt** A 7, Abfahrt 114 Richtung Westhausen auf der B 29, im Ort auf die K 3319 Aalener Straße und dann in die Baiershofener Straße abbiegen | **ÖPNV** Regionalbahn 57266 von Aalen bis Westhausen Bahnhof, dann zu Fuß über die Bahnhofstraße, links in Aalener Straße und rechts in die Baiershofener Straße | **Öffnungszeiten** Führungen nach Terminabsprache unter Tel. 07363 / 95280 bei Frau Volk | **Tipp** Das mittelalterliche Nördlingen gab dem riesigen Einschlag- krater eines Meteoriten seinen Namen: Nördlinger Ries. Unter dem Codex »Geopark Ries kulinarisch« verwendet Sternekoch Jockl Kaiser in seinem Wirtshaus Meyers Keller in Nördlingen herdnah gewachsene Produkte. Das schmeckt in der schmucken Gaststube wie im Kastaniengarten (Tel. 09081 / 4493, www.meyerskeller.de).

110__ Der Planetenweg

Spaziergang durchs Sonnensystem

Auf einem Planetenweg bekommen Besucher ein Gefühl für die Dimensionen von Zeit, Raum und Materie im Weltall und in unserem Sonnensystem. Ein Meter Weg auf Erden entspricht einer Million Kilometer im Weltall. Merkur, Venus, Erde, Mars, Jupiter, Saturn, Uranus und Neptun, die Zwergplaneten Pluto und Eris sowie die Sonne sind hier im Maßstab eins zu einer Milliarde dargestellt. Größe und Abstand der Planeten entsprechen den Dimensionen in der Realität.

Sonne – eine goldgelbe Kugel von 1,39 Metern Durchmesser –, Planeten und Zwergplaneten sind in ihren Maßen und Abständen dreidimensional dargestellt. Das ist einmalig und unterscheidet den Winterlinger von den anderen 80 deutschen Planetenwegen, betont Erwin Seßler. Er hat 2006 den Weg und die maßstabsgetreue Umsetzung initiiert.

Daraus folgend beträgt die einfache Wegstrecke von der Erde bis zum Neptun, dem achten Planeten unseres Sonnensystems, immerhin circa 4,5 »irdische« Kilometer, was man hier auf einer Wanderung nachvollziehen kann. Staunen löst auch die 120-milliardenfache Vergrößerung eines Wasserstoffatoms aus. Tafeln mit Beschreibungen informieren über Daten und Fakten.

Ein weltweites Winterlinger Unikat ist der nachgebaute Urknall: Ein »Zeit-Pfad« symbolisiert die Entwicklung des Universums vom Urknall vor etwa 14 Milliarden Jahren bis heute.

Die Zeitabschnitte der Entstehung der Galaxien sind an der Wegstrecke markiert. Hier entspricht ein Meter Weg jeweils zehn Millionen Jahren. Wanderer durchschreiten diese Zeit mit »Lichtgeschwindigkeit«. Ob Albert Einstein mit dieser Darstellung seiner »Erfindung« wohl einverstanden gewesen wäre? Nicht weit vom heutigen Planetenweg war der in Ulm geborene Physiker und Nobelpreisträger oft zu Gast: im Pfarrhaus im Winterlinger Ortsteil Benzingen.

Adresse Bürgermeisteramt Winterlingen, 72474 Winterlingen, Tel. 07434/2790, www.winterlingen.de | **Anfahrt** Der Weg beginnt auf der Anhöhe beim Altersheim Winterlingen und führt entlang der ehemaligen Römerstraße. | **ÖPNV** Bus 7421 und 7422, Winterlingen-Freibad | **Öffnungszeiten** Termine für Führungen bitte telefonisch erfragen | **Tipp** Das Naturfreibad in Winterlingen bietet von Juni bis August täglich zwischen 10 und 20 Uhr Höhenluft und Biotop: Der ehemalige Feuersee auf 789 Metern Höhe hat ein »Schwimmbecken« mit einem Durchmesser von 400 Metern, ist maximal 2,50 Meter tief und gleichzeitig Lebensraum des geschützten Kammmolchs.

111 Der Loretto-Hof

Käse, Ziegen, Brot vom südlichsten Punkt der Alb

Das (Bio-)Wunder von Loretto begann 1994, als das Land Baden-Württemberg den 15 Hektar großen Hof verkaufte. Seither hat die Hofgemeinschaft Loretto am südlichsten Punkt der Schwäbischen Alb, zwischen Zwiefalten und Hayingen, ein Idyll aufgebaut. Erst gab es nur Ziegen, später kamen Gartenwirtschaft und eine Holzofenbäckerei dazu.

Der Backofen wird mit Buchenholz aus den umliegenden Wäldern beheizt. Den Unterschied schmeckt man, denn die besondere Qualität eines handgemachten Holzofenbrotes entwickelt sich noch vier bis fünf Tage weiter. Die Milchziegen der bodenständigen Rasse »Bunte Deutsche Edelziege« stehen von Frühling bis spät ins Jahr auf der Weide, nachts und im Winter im Offenlaufstall. Die Weiden, Kleegras und ein Acker liefern aromatisches, gehaltvolles Futter für die 40 Ziegen und ihren »Boss«, den Bock Robert, Vater aller Kitze. Jedes »Käschen« wird aus einem Liter Milch hergestellt. Je länger die Laibe reifen, desto geschmackvoller und stabiler sind sie. Im Hofladen und an den Loretto-Ständen auf den Wochenmärkten in Tübingen, Reutlingen und Biberach sind neben Käse und Brot auch Kuchen und auf Vorbestellung Ziegenfleisch erhältlich.

Der Name Loretto geht auf ein 1671 hier errichtetes Wallfahrtskirchlein zurück, das in den 1990er Jahren restauriert wurde und heute das Schmuckstück des Loretto-Hofs und Raum für den Hofladen ist.

Obwohl sich viele Wanderer und Ausflügler an der Atmosphäre erfreuen, bleibt es beschaulich. Hier gilt: »No ned hudle« (Nur keine Eile). Bei gutem Wetter wird unter alten Bäumen gevespert, was Käserei und Bäckerei hergeben: frische Kuchen, kerniges Brot mit herzhaftem Ziegenkäse und süffigen Most aus eigenen Äpfeln. Alles Bio, selbstverständlich. Die Aussicht übers Schwäbische Oberland gibt's gratis dazu. Aus dem Achtal herauf hört man das Glockenläuten des Zwiefalter Münsters.

Adresse Loretto 6, 88529 Zwiefalten-Sonderbuch, Tel. 07373 / 2362 und 9216358, www.lorettozwiefalten.de | **Anfahrt** von Reutlingen aus B 312 Richtung Riedlingen, an der Straße von Zwiefalten nach Hayingen in Richtung Sonderbuch am Schild »Loretto« abbiegen | **Öffnungszeiten** April–Dez. Fr, Sa, So und Feiertage 14–18 Uhr, Bewirtung von Gruppen nach Absprache | **Tipp** Vom Loretto-Hof aus hat man einen Nunatak im Blick, einen Felsen, der in der Eiszeit über die Oberfläche von Gletschern und Inland-Eismassen herausragte. Den und vieles mehr erkennt man allerdings nur, wenn ein kundiger Alb-Guide dabei ist, der Wanderer auf eine Zeitreise durchs schwäbische Urmeer, etwa über Hayingen ins Glastal, geleitet, www.alb-guide.de.

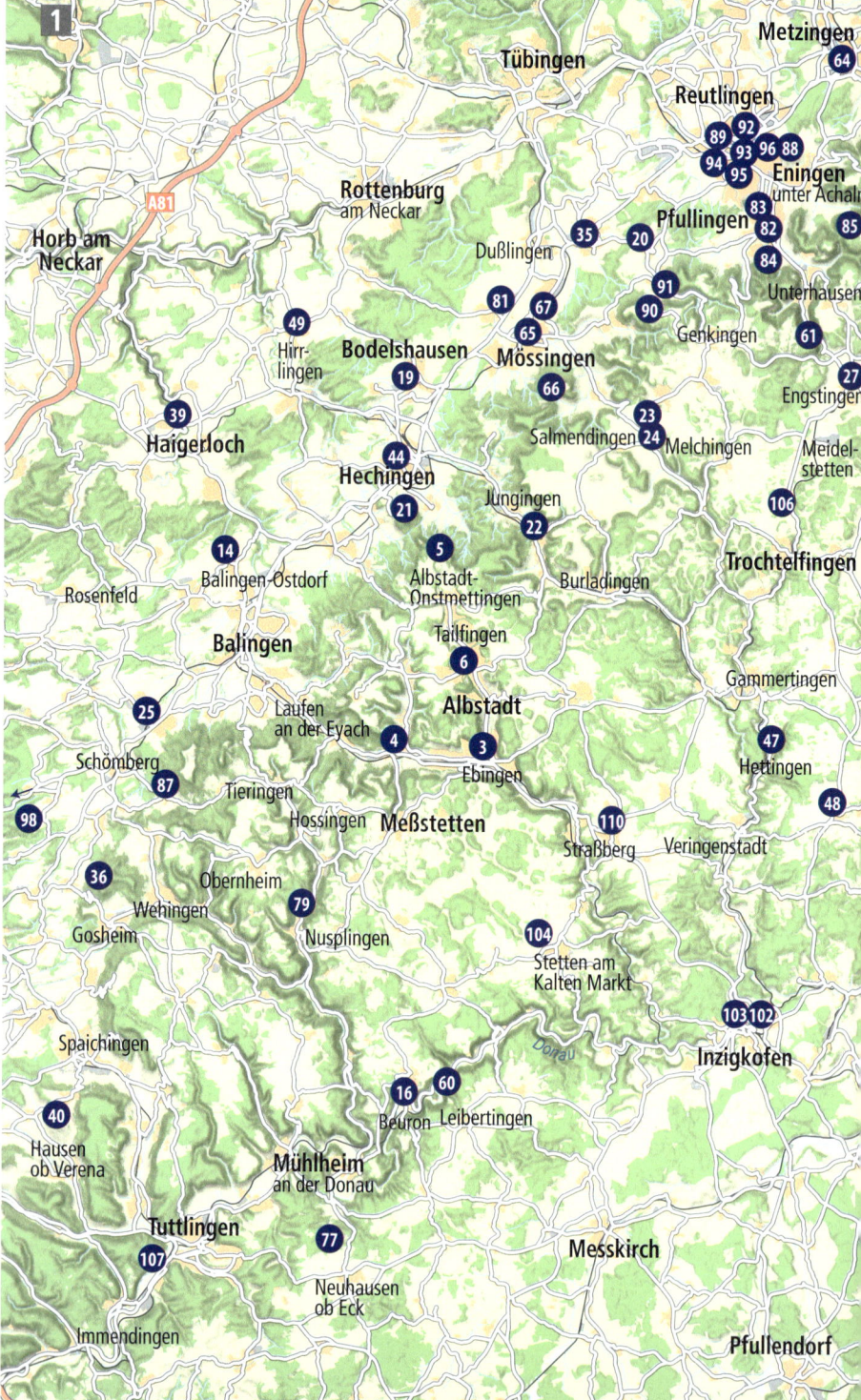

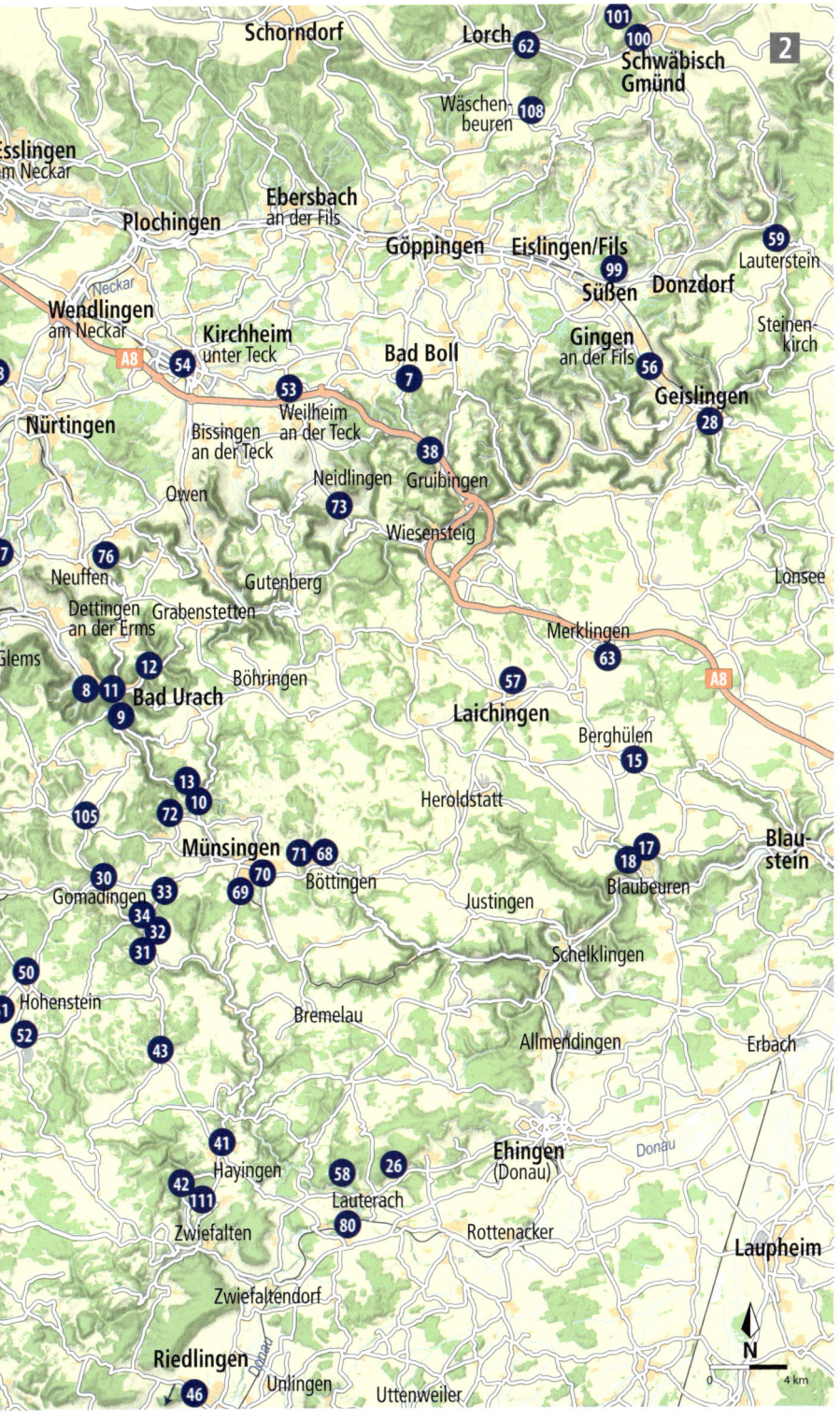

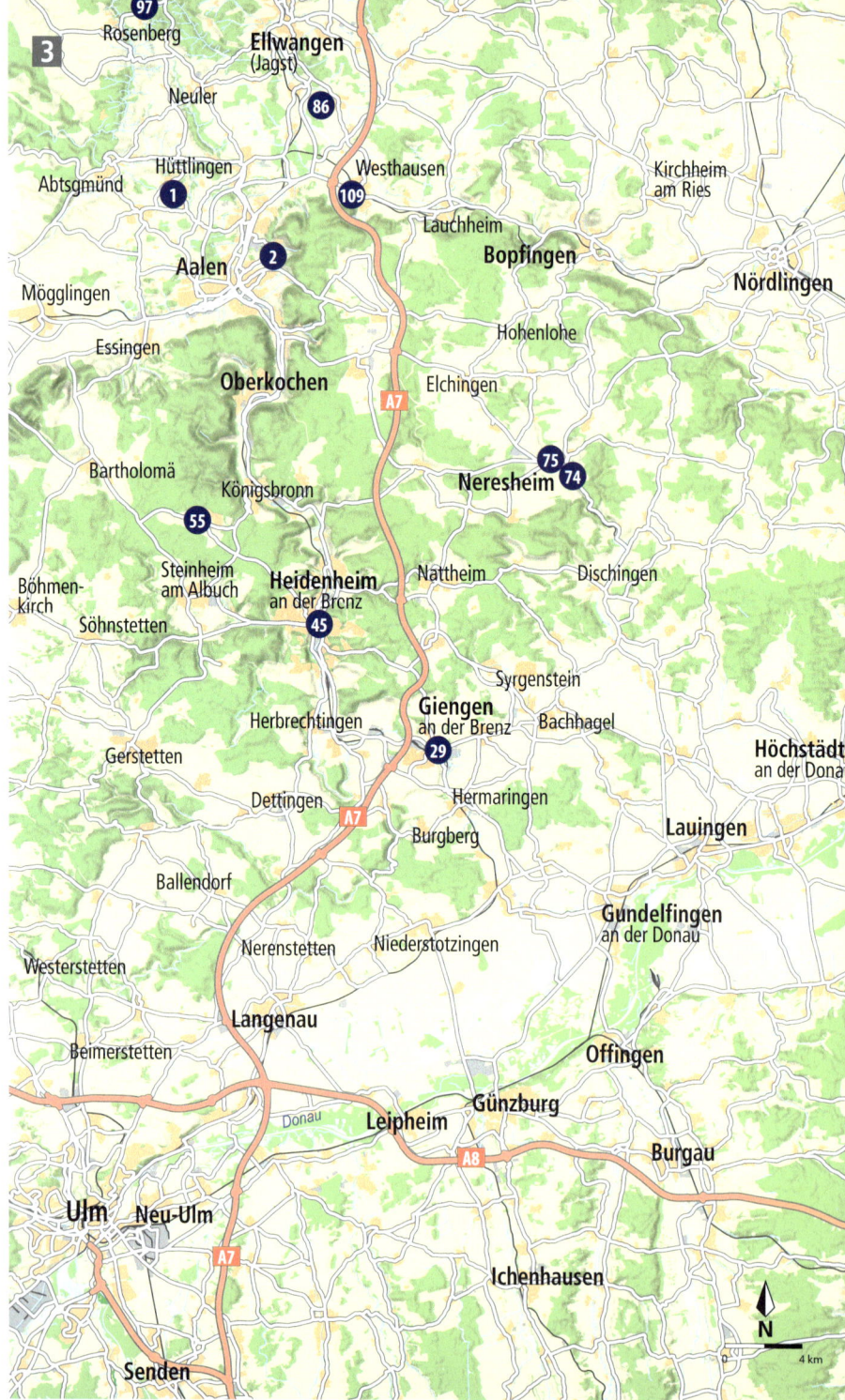

Gertrud Steiger, Joachim Steiger
111 Orte im Odenwald, Spessart und an der Bergstraße, die man gesehen haben muss
ISBN 978-3-7408-0878-5

Thomas Baumann
111 Orte in der Kurpfalz, die man gesehen haben muss
ISBN 978-3-89705-891-0

Ralf H. Dorweiler,
Daniela Bianca Gierok
111 Orte im Schwarzwald, die man gesehen haben muss
ISBN 978-3-89705-950-4

Gabriele Kalmbach
111 Orte in Stuttgart, die man gesehen haben muss
ISBN 978-3-95451-004-7

Gertrud Steiger, Joachim Steiger
111 Orte im Kraichgau, die man gesehen haben muss
ISBN 978-3-95451-232-4

Barbara Riess
111 Orte in Freiburg, die man gesehen haben muss
ISBN 978-3-95451-385-7

Erwin Ulmer
111 Orte an der oberen Donau, die man gesehen haben muss
ISBN 978-3-95451-494-6

Marion Rapp
111 Schätze der Natur rund um den Bodensee, die man gesehen haben muss
ISBN 978-3-95451-619-3

Kirsten Elsner-Schichor
111 Orte in Karlsruhe, die man gesehen haben muss
ISBN 978-3-95451-593-6

Barbara Krull
111 Orte am Kaiserstuhl, die man gesehen haben muss
ISBN 978-3-95451-562-2

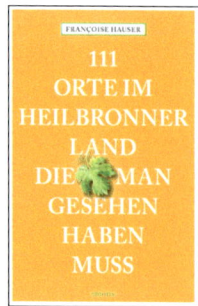

Françoise Hauser
111 Orte im Heilbronner Land, die man gesehen haben muss
ISBN 978-3-95451-842-5

Gabriele Kalmbach
111 Orte im Stuttgarter Umland, die man gesehen haben muss
ISBN 978-3-95451-855-5

Erwin Ulmer
111 Orte in Ulm, um Ulm und um Ulm herum, die man gesehen haben muss
ISBN 978-3-95451-856-2

Katharina Sommer
111 Orte in und um Tübingen, die man gesehen haben muss
ISBN 978-3-95451-852-4

HP Mayer
111 Orte in Heidelberg, die man gesehen haben muss
ISBN 978-3-7408-0246-2

Eva Grubmiller, Martina Neher
111 Schätze der Natur auf der Schwäbischen Alb, die man gesehen haben muss
ISBN 978-3-7408-0248-6

Karin Blessing
111 Schätze der Natur im Schwarzwald, die man gesehen haben muss
ISBN 978-3-95451-701-5

Erwin Ulmer
111 Orte am oberen und mittleren Neckar, die man gesehen haben muss
ISBN 978-3-7408-0364-3

Cornelia Lohs
111 Orte in Mannheim, die man gesehen haben muss
ISBN 978-3-7408-0554-8

Ute Blessing
111 Orte im Remstal, die man gesehen haben muss
ISBN 978-3-7408-0475-6

Barbara Riess
111 Schätze der Kultur im Schwarzwald, die man gesehen haben muss
ISBN 978-3-7408-0555-5

Cornelia Ziegler
111 Orte rund um München, die man gesehen haben muss
ISBN 978-3-7408-0437-4

Christine Hochreiter
111 Orte in und um Passau, die man gesehen haben muss
ISBN 978-3-7408-0429-9

Bernd Schinner
111 Orte im Fichtelgebirge, die man gesehen haben muss
ISBN 978-3-7408-0405-3

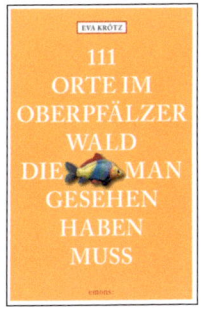

Eva Krötz
111 Orte im Oberpfälzer Wald, die man gesehen haben muss
ISBN 978-3-7408-0331-5

Oliver Ultsch
111 Orte in und um Coburg, die man gesehen haben muss
ISBN 978-3-95451-923-1

Jochen Reiss
111 Orte im Fünfseenland, die man gesehen haben muss
ISBN 978-3-7408-0743-6

Sabine Becht, Sven Talaron
111 in und um Bamberg, die man gesehen haben muss
ISBN 978-3-95451-706-0

Julia Lorenzer, Fabian Marcher
111 Orte in Rosenheim und im Inntal, die man gesehen haben muss
ISBN 978-3-95451-735-0

Gregor Nagler
111 Orte in Augsburg, die man gesehen haben muss
ISBN 978-3-95451-598-1

Reiner Vogel
111 Orte in Niederbayern, die man gesehen haben muss
ISBN 978-3-95451-539-4

Kerstin Söder
111 Orte im Fränkischen Seenland, die man gesehen haben muss
ISBN 978-3-95451-492-2

Dietmar Bruckner, Jo Seuß
111 Orte in Nürnberg, die man gesehen haben muss
ISBN 978-3-95451-042-9

Lust auf mehr? Laden Sie sich die »LChoice«-App runter, scannen Sie den QR-Code und bestellen Sie weitere Bücher direkt in Ihrer Buchhandlung.

Hier bestellen

Bildnachweis

Ort 1: Schloss Fachsenfeld, Stadtvererwaltung Aalen; Ort 2: Besucherbergwerk Tiefer Stollen; Ort 3: Städtische Galerie Albstadt-Ebingen; Ort 4: Solidian/Groz Beckert Albstadt; Ort 6: Merz b. Schwanen/Gota, Albstadt-Tailfingen; Ort 7: Martina Waiblinger, Ev. Akademie Bad Boll; Ort 9: Gerd Jütten Fotodesign, Tiefenbronn; Ort 10: Martin Schunack Photography, Metzingen; Ort 11: Schlösser und Gärten Baden-Württemberg; Ort 12: Bad Urach Tourismus; Ort 14: Heiko Hellwig, Stuttgart; Ort 15: Kutschen-Wagen Museum, Bühlenhausen; Ort 18: Urgeschichtliches Museum Blaubeuren; Ort 19: Marc Cain AG; Ort 22: Deutsches Peitschenmuseum, Killer; Ort 23: Kanz Automobile, Burladingen; Ort 24: Holcim (Süddeutschland) GmbH; Ort 27: Beate Beck, Bürgermeisteramt Engstingen; Ort 28: WMF AG; Ort 29: Margarete Steiff GmbH; Ort 31: Lagerhaus, Foto Krieg, Dapfen; Ort 36: Rainer Fieselmann; Ort 38: Rasthof Gruibingen; Ort 43: Achim Kaeflein; Ort 44: Förderverein Villa Eugenia; Ort 47: Fastnachtsmuseum Narrenburg; Ort 48: Gewandhausmuseum Inneringen; Ort 49: Kirchengemeinde St. Martinus; Ort 50: albMesser Manufaktur, Hohenstein; Ort 51: Maichle-Schmitt/Rainer Fieselmann; Ort 52: Schwörer Haus, Hohenstein; Ort 53: Urweltmuseum Hauff, Holzmaden; Ort 54: Gemeinde Kirchheim unter Teck; Ort 55: Widmanns AlbLeben, Königsbronn-Zang; Ort 56: Gemeinde Kuchen; Ort 58: Karin Kaatz, Reutlingen; Ort 59: Kage Mikrofotografie GbR; Ort 60: Rainer Fieselmann; Ort 63: Sabine Graser-Kühnle; Ort 64: Outletcity Metzingen; Ort 66: Armin Dieter, AlbErlebnis; Ort 69: Familienschäferei Stotz; Ort 70: Hofgut Hopfenburg; Ort 71: Altes Lager/AlbGut; Ort 72: Rita Goller; Ort 73: Stefan Metzger; Ort 74: Jürgen Ranger/Härtsfeld Museumsbahnverein; Ort 75: Marcus Waldinger; Ort 76: Vetter/Hohenneuffen Burg Restaurant; Ort 77: Freilichtmuseum Neuhausen ob Eck; Ort 82: Stadt Pfullingen; Ort 84: Rainer Fieselmann; Ort 86: Limesstraße e.V.; Ort 87: Gasthof Adler Ratshausen; Ort 96: Baumpalast Baumhaushotel Wipfelglück; Ort 97: ThyssenKrupp Elevator AG; Ort 98: Hotel Burg Staufeneck; Ort 100: Weleda AG; Ort 103: Militärgeschichtliche Sammlung; Ort 104: Albmerino/Flomax Naturmode GmbH; Ort 107: Deutsches Dampflok- und Modelleisenbahnmuseum; Ort 109: Leonhard Fromm; Ort 110: Erwin Seßler; Ort 111: Lorettohof/Dürner; alle übrigen Fotos: Barbara Goerlich

Die Autorin

Barbara Goerlich, geboren und aufgewachsen in Reutlingen am Fuße der Schwäbischen Alb, ist gelernte Hotelfachfrau, Betriebswirtin und lebt als freie Journalistin in Frankfurt am Main. Sie schreibt unter anderem für die Zeitschriften »Der Feinschmecker«, »Slow Food Magazin« sowie »Business Traveller« und ist Autorin zahlreicher Sachbücher.

Die Schwäbische Alb ist für sie Liebe auf den zweiten Blick. Aus Kindertagen hatte sie die Alb in wenig guter Erinnerung: Familienausflüge mit Wandern im Sommer, im Winter Skifahren in »Schwäbisch Sibirien« bei meist eisigen Temperaturen. Längst hat sie sich mit der wunderbaren Landschaft und ihren unzähligen Schätzen versöhnt und ihre 111 Lieblingsorte ausgewählt.